我发现了奥秘
世界上最最伟大的文明奇迹

[韩]李浩先◎编著

吉林出版集团股份有限公司

版权所有　侵权必究

图书在版编目(CIP)数据

世界上最最伟大的文明奇迹/(韩)李浩先编著. —长春：
吉林出版集团股份有限公司, 2012.1（2021.6重印）
（我发现了奥秘）
ISBN 978-7-5463-8097-1

Ⅰ.①世… Ⅱ.①李… Ⅲ.①世界史：文化史－儿童读物
Ⅳ.①K103-49

中国版本图书馆CIP数据核字(2011)第264195号

我发现了奥秘
世界上最最伟大的文明奇迹
SHIJIE SHANG ZUI ZUI WEIDA DE WENMING QIJI

出版策划：孙　昶
项目统筹：于姝姝
责任编辑：于姝姝
出　　版：吉林出版集团股份有限公司（www.jlpg.cn）
　　　　　（长春市福祉大路5788号，邮政编码：130118）
发　　行：吉林出版集团译文图书经营有限公司（http://shop34896900.taobao.com）
总 编 办：0431-81629909
营 销 部：0431-81629880/81629881
印　　刷：三河市燕春印务有限公司（电话：15350686777）
开　　本：889mm×1194mm　1/16
印　　张：9
版　　次：2012年1月第1版
印　　次：2021年6月第7次印刷
定　　价：38.00元

印装错误请与承印厂联系

写在前面

孩子的脑海里总是会涌现出各种奇怪的想法——为什么雨后会出现彩虹？太阳为什么东升西落？细菌是什么样的？恐龙怎么生活啊？为什么叫海市蜃楼呢？金字塔是金子做成的吗？灯是什么时候发明的？人进入太空为什么飘来飘去不落地呢？……他们对各种事物都充满了好奇，似乎想找到每一种现象产生的原因，有时候父母也会被问得哑口无言，满面愁容，感到力不从心。别急，《我发现了奥秘》这套丛书有孩子最想知道的无数个为什么、最想了解的现象、最感兴趣的话题。孩子自己就可以轻轻松松地阅读并学到知识，解答所有问题。

《我发现了奥秘》是一套涵盖宇宙、人体、生物、物理、数学、化学、地理、太空、海洋等各个知识领域的书系，绝对是一场空前的科普盛宴。它通过浅显易懂的语言，搞笑、幽默、夸张的漫画，突破常规的知识点，给孩子提供了一个广阔的阅读空间和想象空间。丛书中的精彩内容不仅能培养孩子的阅读兴趣，还能激发他们发现新事物的能力，读罢大呼"原来如此"，竖起大拇哥啧啧称奇！相信这套丛书一定会让孩子喜欢、令父母满意。

还在等什么？让我们现在就出发，一起去发现科学的奥秘！

目 录

中国人心中的巨龙/6

那是白雪公主的家吗？/10

美国自由岛上的女神/16

藏在热带雨林里的古城/22

世界上最长的大运河/28

秦始皇和他的"地下兵团"/32

美丽的王妃墓地/38

俄罗斯人的骄傲/44

如梦如幻的凡尔赛/50

巨石创造的世界奇迹/56

不复存在的底比斯/62

为什么那只狮子长了张人脸？/68

神秘兮兮的伦敦塔/74

在地道里穿行的王国/80

茫茫大漠里的明珠/86

南半球最古老的文明遗迹/92

雕刻这些大石像的是谁呀？/98

酷爱和平的城市——雅典卫城/104

世界上最高的教堂是哪座？/110

北非地中海上的传奇之城/116

中美洲的金字塔之城/122

宝贝多多的博物馆/128

被火山吞没的城市/134

比金字塔更有名的奇迹/140

中国人
心中的巨龙

中国人总是在地球上创造着一个又一个奇迹，浩浩荡荡的京杭大运河，精美绝伦的圆明园，富丽堂皇的故宫……它们是每一个中国人的骄傲和自豪。如果有机会从天空中俯瞰中华大地，你会看到一条巨龙在崇山峻岭之间蜿蜒盘旋，从东到西，气势磅礴。它就是中国人心中的巨龙——万里长城。

果真是"万里长城"

为什么中国人要叫它"万里长城"呢？难道它真的有一万里吗？

在现代，有很多华而不实的东西都会用名字来夸大自身的美丽。但是中国的万里长城可不是夸张出来的，自东边的山海关到西边的嘉峪关，长城总共有一万两千多里，横贯中国的东北和中西部九个地区。

为什么要建长城呢？

在兵荒马乱的中国古代，每个国家都要为了防范敌人的侵害而修筑城墙，长城也是用来抵御敌人的城墙。它是世界上修建时间最长、工程量最大的一项古代防御工程。

最早修筑长城的是战国时代的统治者,而最早使长城相贯通的是秦朝,后来各个朝代为了加强北部的边防力量,都多次兴建、修复长城,特别是明朝,前前后后修了18次,堪称历代之最。现在当人们站在巍峨壮观的长城上时,依然能感觉到一种强大的力量,像是有一种强大的保护层。而它有如此宏伟的身姿,主要还是明朝人的功劳。

这些石头是怎么抬过来的?

长城那么长,可当时并没有卡车、吊车之类的运输工具,那些巨大的石头又是怎么运上去的呢?

这座万里长城可真是倾尽国力了,因为修筑长城要用数不清的石头,每块都有两三千斤重,那个时候没有火车、汽车、起重机,仅仅凭着无数的肩膀和无数的双手,一步一步地把这些巨大的石头抬到陡峭的山岭上,为了修建它消耗了大量的民力、财力,导致天怒人怨。

据统计,秦朝时,人口约有2 000万,但是被征用修筑长城的民夫工匠就达50多万以上,占当时总人口的四十分之一。其实修建长城不仅需要力量，更需要非凡的智慧。所以，直到今天，人们还在为这前不见头、后不见尾的万里长城而慨叹。

长城真的被孟姜女"哭"倒了吗？

孟姜女哭长城的故事是一个关于爱情的传说，这个故事也叫"孟姜女千里寻夫"。

传说，孟姜女和丈夫范杞良生活虽然简朴，但却十分恩爱。突然有一天，丈夫范杞良被官府征去修筑长城，远离他乡，这一去便杳无音信。有一年冬天，孟姜女思夫心切，带上寒衣不远万里去寻找丈夫。当她知道丈夫已经死去，伤心欲绝，在长城下哭得惊天动地，整整十天呼天喊地，竟然使一大片长城崩裂坍塌。最后，她在倒塌的废墟中终于找到了丈夫的尸骸……

"不到长城非好汉"指的是哪段长城？

在中国北京的延庆，有一段著名的八达岭长城，人们一般说"不到长城非好汉"，指的就是这一段长城。它不论是城门还是城墙，都是用整齐的条石和城砖砌成的，极为坚固。城墙的顶部用方砖铺成，十分平整，像宽阔的马路。城墙外侧有两米多高的垛口，垛口上面有望洞，望洞下面有射击口，是用来观察外面的敌情和射击敌人用的。城墙顶部每隔300多米，就有一座方形的城台。打仗的时候，城台之间的士兵可以互相呼应，共同抵御敌人的进攻。

趣味问答

那是白雪公主的家吗？

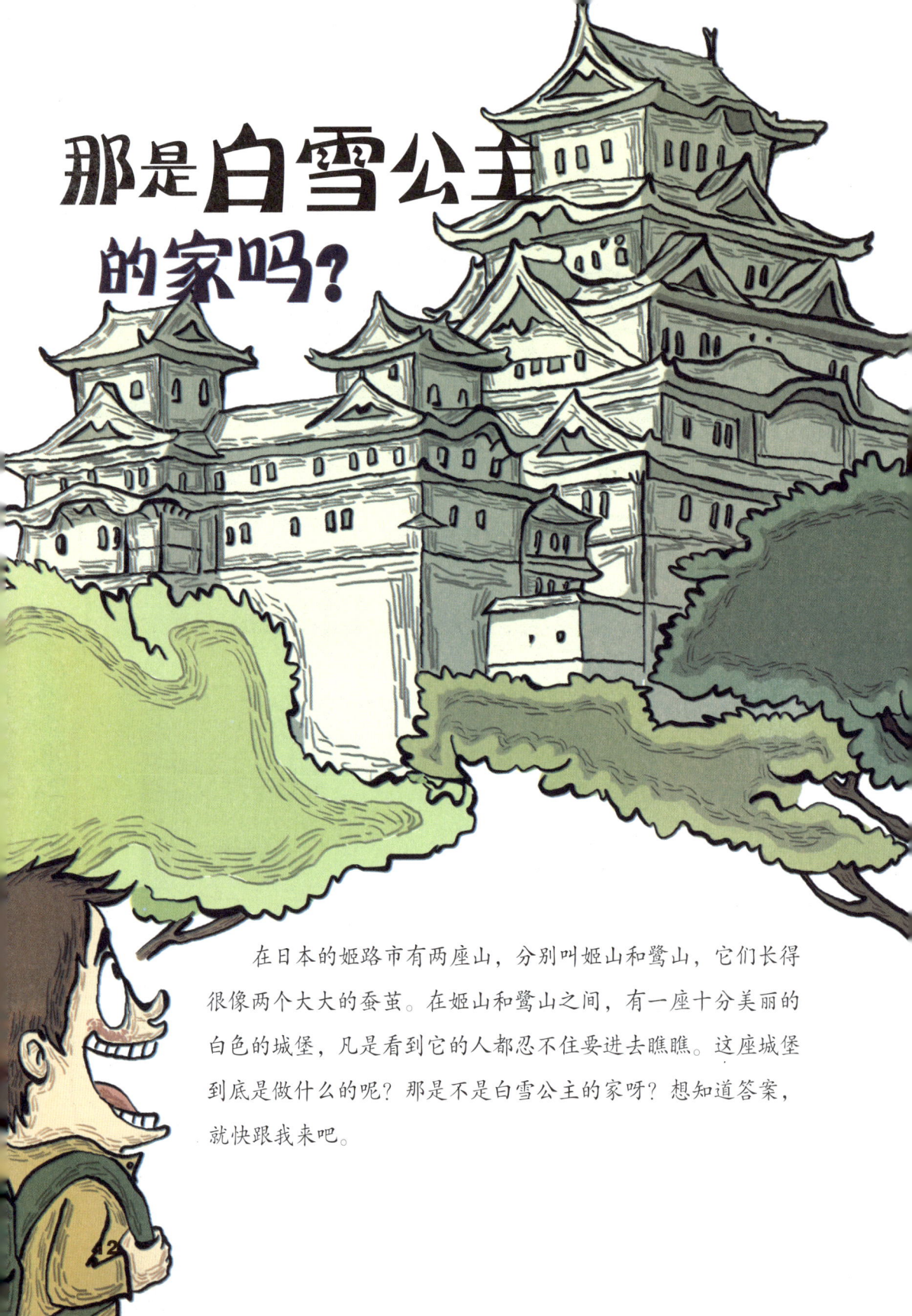

在日本的姬路市有两座山，分别叫姬山和鹭山，它们长得很像两个大大的蚕茧。在姬山和鹭山之间，有一座十分美丽的白色的城堡，凡是看到它的人都忍不住要进去瞧瞧。这座城堡到底是做什么的呢？那是不是白雪公主的家呀？想知道答案，就快跟我来吧。

白雪公主,你在这里吗?

在日本,有一座白白的城堡,历经多次的战争,却依然完整地保存下来,因此,也理所当然地成为"日本第一名城"。如果小朋友看到这座白白的城堡,一定会想问:

白雪公主会不会就住在这里呀?呵呵,这里并不是白雪公主的家,它曾经是座寺庙,和熊本城、松本城合称为日本的三大名城,而它的名字就叫作姬路城。

姬路城的城墙全都被刷成了白色,再加上它蜿蜒迂回的屋檐,矗立在山顶上,远远望去，就好像是一只展翅待飞的白鹭，因此人们又称它为"白鹭城"。

姬路城不平凡的一生

姬路城的一生经历了很多波折。在日本南北朝时期，姬路城刚刚"诞生"，建造它的人叫赤松则村，可当时的姬路城只是建在姬路山下的一个小小的寺庙。

由于各种政治、历史、战争的原因，在此后的成长经历中，姬路城像古代的小丫鬟似的，被人卖来卖去，换了很多的主人。但每换一个主人，就会将它修葺一番。所以，它的规模也就越来越大了。

直到今天，姬路城已被修整过十几次了，而最近的一次大规模修整，是在2009年开始的，预计到2014年才能竣工呢。到那时，崭新的姬路城就要过上它681岁的生日了！

一睹姬路城的尊容

姬路城在建造上是非常讲究的。城堡总共有七层，层层叠叠，错落有致。建造者在它的墙上又加上了锯齿形的斜板作为屋檐，城堡里面有两根从地基建立起来的高25米、直径为0.95米的大柱子，它们分别矗立在东西两侧。在这里你会看到，每隔一个长约2米的开间就会竖起一根中柱，而每隔半间又会竖起另一根柱子，这些柱子被称为中间支柱，此外还会在角隅架设一根相同尺寸的斜柱，用来增加抗震性，所以姬路城十分坚固。

姬路城大体可分为基座、梁柱、回廊、屋顶四个部分。基座的建造十分复杂，它的城墙使用的是大曲线型的构造，因为这样可以分担主城塔的重量，同时还能预防强大的地震。而且，大曲线的构造也增加了它的美感。

在日本的古代建筑学爱好者看来，建于14世纪的姬路城，就像是日本建筑师们必须要细细品读的书。它在经历无数次战火的洗礼后，带着历史的记忆，走到现在，成为日本最具标志性的建筑物，也成为日本建筑学上一座不可磨灭的丰碑。

为什么把姬路城设计成迷宫一样？

在最初设计姬路城时，建造者故意在城堡四周修建了许多像迷宫一样的城墙，这独具匠心的设计，就是让想要侵占这里的敌人，像是玩捉迷藏一样，在迷宫里绕来绕去，怎么也进不到城堡里面去。这就是建造者赋予姬路城强大的防御系统，而城堡里的人们就可以轻而易举地把这些侵略者消灭掉了。

趣味问答

美国自由岛上的女神

在美国的自由岛上,有一座高高的女神雕塑,女神的头上戴着皇冠、穿着古罗马长袍,脚下还有被打碎的手铐、脚链和锁链,左手抱着一本封面刻有"1776年7月4日"字样的典籍,右手举着一把火炬。这个女神为什么要举着一把火炬呢?这火炬和奥运会上的火炬有什么关系吗?下面的内容可以帮你解开疑问哦。

这座雕塑叫什么？

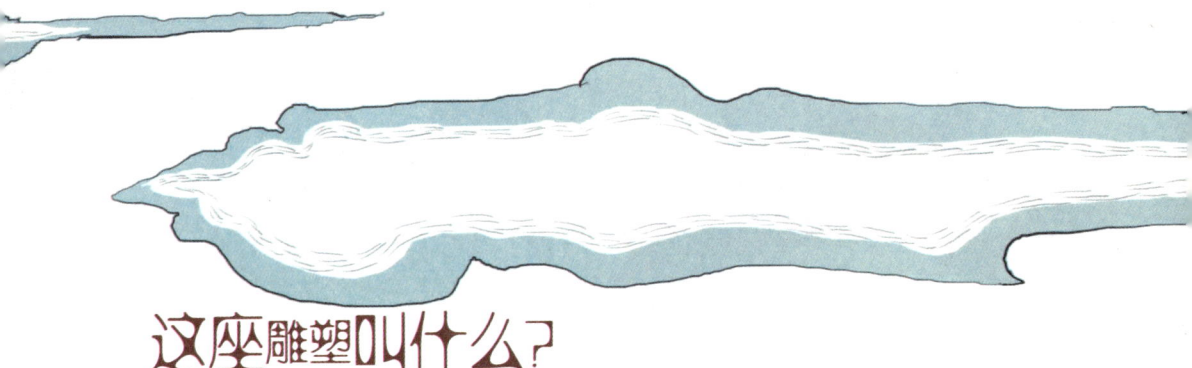

在美国，有一座标志性的建筑，很多来自世界各国的人们，都因听过它的故事深受感动而去瞻望它。1869年，巴托尔迪完成了一幅设计草图，并在1874年正式开工塑像，之后他一心一意创作他的"儿女"。

但巴托尔迪经历了漫长的十年完成的艺术杰作，并不是我们今天看到的自由女神像。因为在它被正式送给美国之后，美国人又用了两年的时间对其进行了整修，之后才是我们所看到的自由女神像。

现实中的自由女神

1815年，路易·拿破仑·波拿巴发动政变，推翻了当时的第二共和国。一天清晨，已经参军的巴托尔迪和他的战友们在街头借着晨光修筑防御工事，这时，一位年轻美丽的姑娘手里拿着熊熊燃烧的火炬，高喊着"前进"的口号越过障碍物，向拿破仑军队冲了过去，伴随着枪声，姑娘倒在了血泊里，巴托尔迪目睹了这一

悲惨事实，终生难忘。从此，这位高举火炬的姑娘就成了他心中自由的象征。

它是用什么材料做的？

这么高大的自由女神像，它伫立在这里那么多年，依然坚实稳固。它究竟炼造了怎样的铁打金身啊？原来，自由女神整座铜像的骨架是用120吨钢铁制造的，又用80吨铜皮作为外皮，支架是用30万颗铆钉来固定的，所有材料的重量加起来足足有225吨呢。自由女神右手举起的火炬边沿可以并列站下一个篮球队的所有成员呢，仅仅是她的一个手指甲就有25厘米，她的食指光直径就有1米，相当于一个七八岁小孩的高度，长

2.44米，这可比正常成人的身高高多啦。

在这么庞大的建筑面前，人类显得多么的渺小啊！

自由女神的象征意义

自由女神的头上戴着七尖冠冕，你知道为什么是七道尖芒么？因为它代表着世界七大洲。其次，她脚下的破碎的手铐脚链象征着被推翻的暴政统治。

在1776年7月4日这一天，美

国发表了《独立宣言》，代表着美国从那以后独立了，而她左手的那本书就象征着《美国独立宣言》。那长达12米的火炬则象征着永恒的自由。一个多世纪以来，自由女神一直安静祥和地屹立在那里，她表达着美国人民向往自由，争取民主的崇高理想。她更是美利坚民族和美法人民友谊的象征。

自由女神的"模特"

当巴托尔迪正在准备塑造神像的时候，朋友邀请他去家里参加聚会，就是这次聚会，让他遇到了一个美丽的姑娘，她的名字叫让娜。巴托尔迪被她高贵的气质、优雅的仪态深深折服了，他觉得再也找不出第二个比她更适合做自由女神模特的人了。

让娜得知后，同意了他的请求。后来在雕塑的过程中，他们互相钦慕，最终结成夫妻。

自由女神本来是要送给谁的？

经历了十年的雕刻，这座高大而精美的自由女神像终于竣工了。法国政府对此十分重视，他们决定将这座雕像送给埃及。可是，受到封建制度的影响，因为神像是女性，埃及拒绝了这份珍贵的礼物，并在1884年的7月6日，将自由女神像转送给美国。如今自由女神像已经成为美国人的骄傲了！

趣味问答

藏在热带雨林里的古城

小朋友都很喜欢玩捉迷藏，小心翼翼地躲藏在一些遮挡物的背后，就怕被人捉到。其实不光我们爱玩捉迷藏，在柬埔寨有一座古城也很喜欢玩捉迷藏呢！它在一片热带雨林中躲藏了几百年后，终于还是被人们发现了。想不想看看这个会玩捉迷藏的家伙？那就一起去参观一下吧！

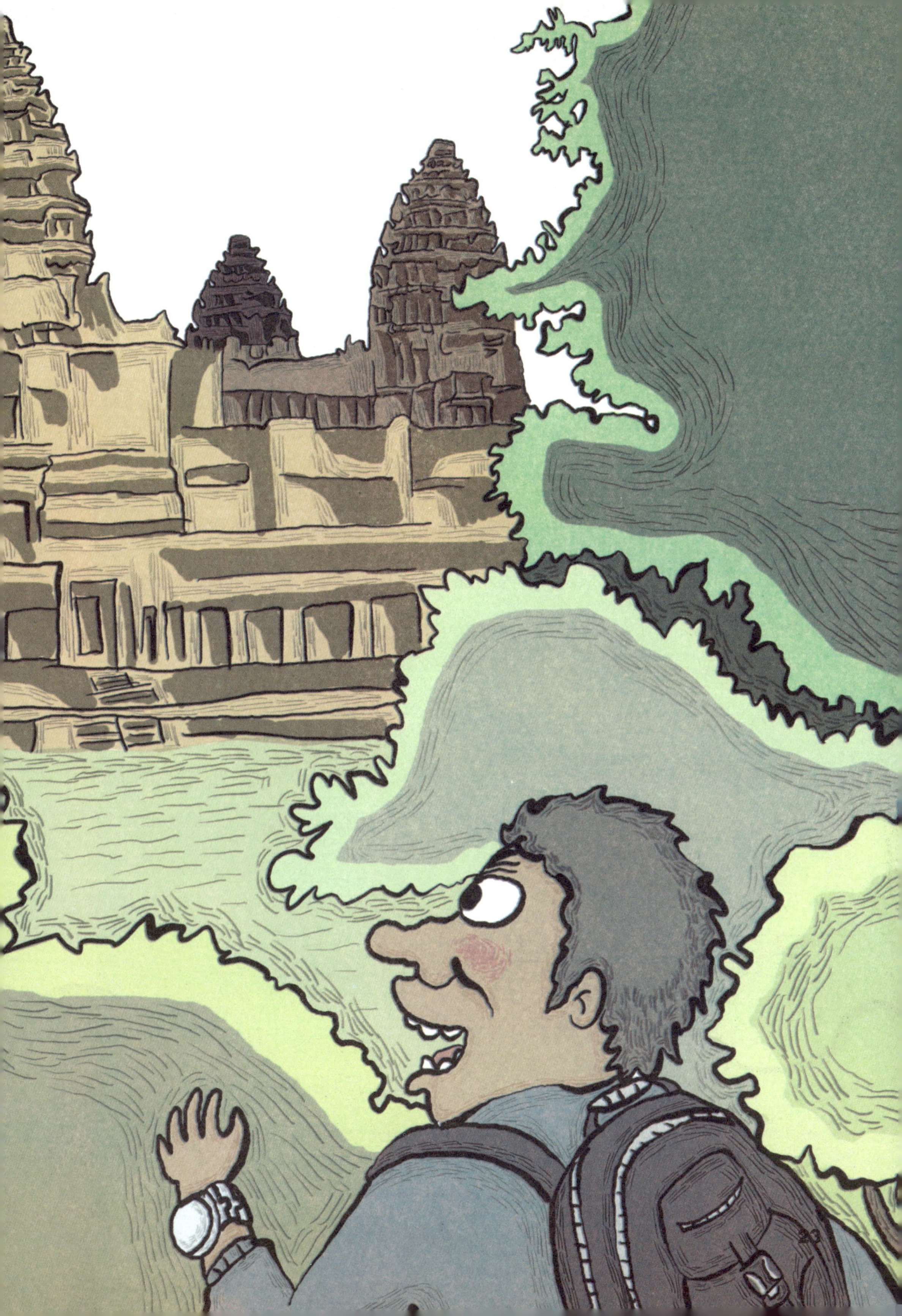

"桑香佛舍"原来是这里！

在热带雨林中藏着一座秘密的花园，它是一座有着悠久历史的古城，已经在这里沉睡了几百年了，这座古城的名字叫作吴哥，曾经是高棉王朝的都城，吴哥城里的寺庙建筑叫作吴哥窟，也叫吴哥寺，它可是世界上最大的庙宇呢，在中国的古籍里被称为"桑香佛舍"。

1861年，法国生物学家亨利到柬埔寨的热带雨林寻找蝴蝶标本。因为不熟悉那里的地形，他花钱雇了两名当地人做向导，在找蝴蝶的过程中，两名向导向他讲述了关于神秘古城的故事。

亨利对这个古城非常感兴趣，甚至忘记了要找蝴蝶标本的事情。可是三天过去了，他们还是一无所获，就在他们决定要"打道回府"的时候，一座宏伟的建筑竟然出现在他们面前，这就是那座消失了很久的神秘古城——吴哥。

吴哥城的第二大寺庙叫什么？

吴哥城的第二大寺庙叫吴哥窟，由苏利亚跋摩二世于1113年至1150年间建造。据说当时动用了几十万名工人，花费了整整37年时间。

此后的每一位国王，都会对吴哥城不断地进行扩建修葺，最后一位建造寺庙的国王是苏利亚跋摩七世，他在吴哥宫殿四周建了护城河，在城墙外建造了三个很大的寺庙群。

苏利亚跋摩七世在位期间，共修建了数百个寺庙、修道院和医院。其中在吴哥殿中央的巴戎寺，是当时吴哥城里的第二大寺庙。

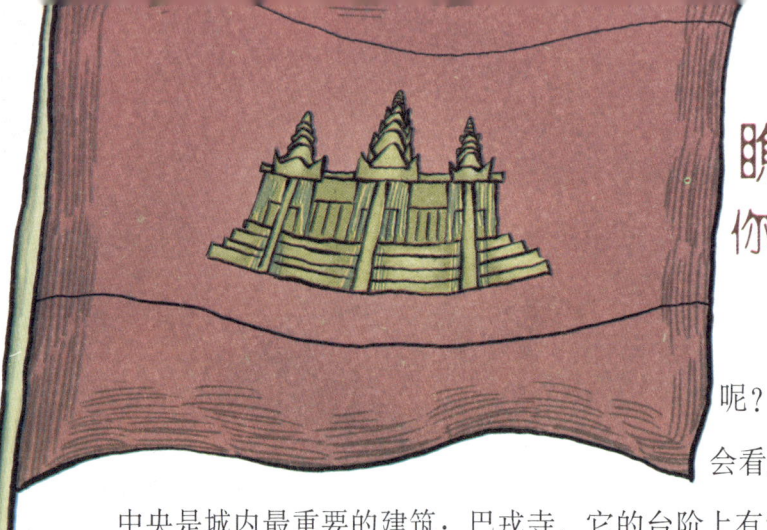

瞧！吴哥在向你微笑！

吴哥城怎么会微笑呢？别着急，马上你就会看到了！在大吴哥城的中央是城内最重要的建筑：巴戎寺，它的台阶上有54座古塔，环抱着一座高40米的圆塔；每座古塔顶部的四边都刻着一尊巨大的人面像，这些人面像都面带着慈爱的微笑。吴哥窟也因为这些微笑的雕像——"吴哥的微笑"闻名世界。

吴哥窟建在了国旗上

看到这个标题，小朋友可能会说：哼！别想骗我们，吴哥窟怎么会建在国旗上呢？既然你不信，那我们就到柬埔寨去看一看吧！

柬埔寨是一个东南亚的国家，它的国旗由三块长方形的图案连接而成，上下是蓝色的，稍微窄一点，中间是红色的，稍微宽一点。其中红色象征喜庆和吉祥，蓝色象征光明和自由。在红色部分上面印着白色镶金边的吴哥窟，这个著名的佛教建筑象征的是柬埔寨悠久的历史和古老的文化。

被丢弃的吴哥城

吴哥当时的国王胡乱地大兴土木，花费了好多钱，还动用了不少人力。这让吴哥的国力大大地衰退了，这时，又遇到周围几个强大国家的侵略，特别是在西边的泰王国，很快就占领了高棉王朝的大部分领土，甚至还有吴哥。于是，没有责任心的高棉人带着自己的财宝逃跑了，可怜的吴哥就这样被丢弃了。

趣味问答

大、小吴哥分别指哪里？

在吴哥窟有大吴哥和小吴哥两个地方哦，那小吴哥是不是特别小的一个地方啊？其实小吴哥只是一个名字而已，它也同样拥有着非常宏伟的建筑群。而大吴哥又称为吴哥城，它是吴哥王朝的国王用了20年时间建造的。大吴哥有巨石砌成的城墙，城外还有一条护城河围绕着它。

世界上最长的大运河

中国有很多有名的大江大河,像孕育中华文明的母亲河——黄河,还有奔腾不息的长江、灵动神奇的松花江、宽广美丽的珠江等等。不过,这些河都是天然形成的,在中国还有一条人工挖出的大运河,它可是世界上最长的大运河呢,接下来,就把它介绍给你吧。

为什么要修这么长的运河呀？

中国有一条世界上最长最长的运河，它北起北京，南达杭州，流经北京、天津两市及河北、山东、江苏、浙江四省，贯通了海河、黄河、淮河、长江和钱塘江五大水系，全长一千七百多千米，从开凿到现在已经有2 500多年的历史了。这么古老的运河就是——京杭大运河。

中国有很多大江大河，可它们都是从西往东横向流动的，只有京杭大运河，可以作为中国南北运输的大动脉。

古代的帝王要利用水道把征来的粮食运到京城或者其他指定的地方，这就叫作漕运，运输的粮食就叫作漕粮。大运河的修建，让南北的漕运飞速发展。在运河边上的很多城镇都成了小有名气的古镇，因而江南成了当时最富有的地方。

把运河挖到北京的皇帝

北京是个离海很远的城市，如果再没有运河的点缀，那该有多么的单调啊！但是运河是怎么被挖到北京的呢？

早在隋朝时，运河就已经进入北京了。那时，隋炀帝找了数百万人来开凿通济渠，沟通黄河与淮河两大河流的水运；在黄河以北开凿了永济渠，北面一直到达了北京，并疏浚改造邗沟，纵贯以前旧朝开凿的沟通长江与钱塘江的江南河。

运河历经元、明、清三个朝代，终于被建成。它是一条以洛阳为枢纽，东南通到杭州，东北通到北京，贯通南北的中国东部大运河。运河水面宽30米至70米，长两千多千米。

13世纪，忽必烈建立元朝后，就把都城定在了北京，可是从江浙那边运粮食要绕道洛阳，他觉得太麻烦了，还是继续挖大运河吧！这样粮食就可以沿一条直线运到北京了。修好后的京杭大运河使运输较之前缩短了四百多千米的航程。

到了明、清两个朝代时，又对大运河很多河段进行了改造，才形成今天的京杭大运河。

其他国家也有运河吗？

中国的京杭大运河可是世界上最长的人工运河了！不过在其他国家还有一些运河，

其中最有名的要数苏伊士运河和巴拿马运河了。

苏伊士运河是一条海平面的水道，连接了地中海和红海，在没有开通苏伊士运河以前，欧洲和亚洲之间通航要绕过好望角才能到达，现在走苏伊士运河可以缩短一半的航程。

巴拿马运河是连接太平洋和大西洋的重要通道，是世界第二长的大运河，它是一个水闸式的运河，被称为"世界七大工程奇迹"之一。

趣味问答

第一个挖京杭大运河的人是谁？

这么伟大的运河，最初挖它的人也应该非常伟大吧？他是谁呢？

这个人生活在中国春秋时期，在中国东南的长江下游，有个诸侯国吴国。公元前486年，吴王夫差首先在邗城（现在的扬州附近）开凿运河，贯通长江和淮河，当时被称为邗沟，长约150千米，是京杭大运河的起源，也是大运河最早的一段河道。

秦始皇和他的"地下兵团"

秦始皇是中国历史上一个很厉害的皇帝，统一了六国。不过，他也是个残暴奢侈的家伙，他一直过着荣华富贵的生活，而且还要把这种生活带到坟墓里面去，于是从他十几岁开始，就命人为他建造墓地，在他庞大的墓地里，不仅有数不尽的金银珠宝，还有一个神奇的"地下兵团"。这究竟是怎么一回事呢？到下面的内容里找找答案吧。

秦始皇的"地下兵团"

在秦始皇的坟墓里,有很多很多的"石头人",这些陶制的石头人叫作兵马俑,实际上兵马俑中,不只有人像,里面还有战车、战马、士兵形状的殉葬品。

秦始皇陵在离西安市30多千米的临潼区城东的骊山脚下,北临渭水,这里就是古代人常说的"风水宝地"。从地质学家用卫星拍下的其中一幅图片上看好像一条长龙,秦始皇陵正好在龙眼睛的位置。到现在为止,一共发现了三个放兵马俑的大坑。

挖出来的宝藏

在地下沉睡了那么久的兵马俑，最先是被陕西潼县的杨村村民发现的。杨村的祖辈有过这样的传说，说地底下有个"瓦王爷"。

1974年，村民们为了抗旱，在村南的柿树林打井，挖到5米多深的地方时，竟然真的发现了"瓦王爷"，这是一个陶制的人头雕塑，人们赶紧把消息告诉给了县里的文化馆。经过专家多年的挖掘，气势非凡的兵马俑终于展示在了世人的面前。

"兵团"里都有什么人?

这个"地下兵团"的阵容还真不小呢!有战袍将军、铠甲将军,还有军士俑,就是战车上的战士。最引人注目的是立射俑和跪射俑,他们手里都拿着弓箭,不同之处是一种站着,一种半跪着。

挖出最多的是武士俑,也就是普通士兵。最少的是将军俑,一共不到10个。骑兵俑共发现了116个,它们都是一手牵马,一手拿着弓箭。能驾驶战车的是驭手俑,他们外披铠甲,手上有护甲,脖子周围有颈甲,胳膊向前举着,一副驾车的样子。

兵马俑有颜色吗？

当年的兵马俑，其实每一个都有鲜艳的颜色，它们一般是用陶烧制成的，先用一个模子做出样子，再覆盖一层细细的泥巴进行刻画和涂颜色，最后把做好的兵马俑烧制一下就做成了。刚出土的兵马俑还保留了最早烧制成时的鲜艳颜色，可是出土后，因为接触了空气中的氧气，颜色不到十秒钟就消失了。

长相各异的兵马俑

秦陵里面那么多的石像，是不是都像复制出来的，长得一个样子啊？兵马俑的数量虽然多，但是里面的每个俑都各有各的样貌特点。脸形、表情和年龄的差别都被工匠们刻画得逼真极了。

它们有的身穿战袍，手持弓箭，像要冲锋陷阵的战士；有的满身铠甲，头戴软帽，像牵着马的骑士；还有的头戴长帽，手里拿着钩子，像一个指挥官；最酷的是将军俑，他身材魁梧，昂首挺胸，看起来好威严。这里每个兵马俑的表情也都不相同。有的好像很气愤的样子，眼中都快喷出火了；有的憨厚淳朴，一脸老实相；还有的在低头冥想，也许他正在想家呢！

秦始皇为什么称呼自己为"皇帝"？

中国的历史传说中，是三皇五帝把四分五裂的中国整合成了一个国家。在秦始皇之前的帝王，比如周文王、周武王等等，都称呼自己是"王"，因为他们觉得没有三皇五帝那么有成就，所以很谦虚地称"王"。可是秦始皇统一了六国，他觉得自己非常了不起，一定要有个更威风的称呼与此相称，他决定取"三皇"里的"皇"和"五帝"中的"帝"，合成了"皇帝"这个词，并称自己是"始皇帝"。可惜他辛苦打下的江山，在儿子胡亥手里毁掉了。

趣味问答

美丽的
王妃墓地

历史上皇帝为爱妃修建陵墓这种事情多之又多，但是真正能被称为世界奇迹的陵墓却很罕见。在古印度，就曾有一位皇帝为他的爱妃修建了一座像花园一样的陵墓，而且被称为"古代世界七大奇迹"之一。这位王妃真是幸福啊！下面咱们就去参观一下这位幸福王妃的墓地吧！

原来它叫泰姬陵

有一座非常非常美丽的陵墓,它的主人是沙·贾汗的爱妻——泰姬·玛哈尔,因此它被叫作泰姬陵。泰姬陵位于印度北方邦亚格拉市郊,在亚穆纳河南岸,是一座像花园一般的帝王宠妃的陵墓。

许多人说，不到泰姬陵来就不算真正来过印度。究竟泰姬陵有着怎样的美可以让那么多的人为之倾慕呢？

泰姬陵所在的陵园中，有大片的常绿树木和草坪，环境优美。在蓝天白云和青翠的草坪之间，洁白光亮的泰姬陵更显得肃穆、端庄和典雅，这也衬托出沙·贾汗皇帝和泰姬之间的纯洁爱情。

泰姬·玛哈尔是怎么去世的？

泰姬·玛哈尔是个美丽聪慧多才多艺的女子，入宫时只有20岁。它名字的意思是宫廷的皇冠，原名叫阿姬曼芭奴，来自波斯。泰姬大半生陪伴沙·贾汗出征，曾为沙·贾汗生过14个孩子，只有四男三女活了下来，终因难产而死，那时只有39岁。死讯传来，沙·贾汗伤心地竟然一夜白了头。悲痛的沙·贾汗为了表达对妻子的思念，便为她建造了一座世界上最美的陵墓。这段浪漫的故事感动了很多人，人们纷纷赶来，一睹这份逝去的伟大爱情的见证。

它真的很漂亮啊！

陵墓给人的感觉总是冰冷幽暗的，但泰姬陵却并不入俗套，它是世界上唯一能打动人心的美丽墓园。

泰姬陵装饰豪华，都是用水晶、黄玉、蓝宝石、钻石等镶嵌而成。墓室内随处可见纯银烛台、纯金灯座、华丽的波斯地毯，雕花的大理石棺，四周还围了一道纯金的栏杆。于是，很多盗墓者都盯上了它。它的整个建筑占地面积为17万平方米，背靠亚穆纳河，整个建筑全部用白色

大理石砌成，还有尖尖的塔，华贵的宫墙。

泰姬陵的四周是一个长576米，宽293米的红砂石围墙，围墙里有两个大院子，一个长方形，一个正方形。正方形大院里有一个花园，中间有一个十字形水池，中心为喷泉，还有两行并排的树木把花园划分为四个同样大小的长方形。在陵墓的东西两侧各建有一座风格相同的清真寺和讲堂，用红砂石筑成，顶部是典型的白色圆顶。

陵墓建筑在一座7米高、95米长的正方形大理石基座上，寝宫居中，四周各有一座40米高的圆塔。寝宫高74米，上部覆盖着一个高耸的大穹顶，大穹顶的四周还围着四个亭子式的小穹顶，四扇高大的拱门门框上有黑色的大理石镶成的《古兰经》经文。寝宫分五间宫室，中央宫室里放置着沙·贾汗和泰姬的大理石石棺。

你知道建造泰姬陵的幕后实情吗？

泰姬陵是一座美丽的陵墓，它的故事让人心升倾慕的同时，也让人对这里充满了好奇。泰姬陵始建于1631年，历时22年。每天有两万多个工人在干活，其中也包括意大利著名的佛罗伦萨石匠。泰姬陵的主要设计者是尤斯塔德艾萨，是印度当时最出名的建筑设计大师。可是残暴的沙·贾汗皇帝担心以后的其他陵墓比泰姬陵还要好，在建成后，他派人杀掉了尤斯塔德艾萨。而且还砍掉了一些在建筑过程中表现出色的工匠的双手。

趣味问答

俄罗斯人的骄傲

如果问中国小朋友，在中国都有哪些引以为傲的建筑，小朋友都会自豪地说，有雄伟的万里长城、美丽的故宫和雄伟壮丽的天安门等等！其实在俄罗斯也有着属于自己骄傲的建筑，在那里也有很多有趣的事情呢！那就让我们一起去看一下吧！

俄罗斯的标志建筑

一个国家的标志性建筑在这个国家的人们心中，就像一个圣洁的地方，人们也以它为骄傲。莫斯科河畔的波罗维茨基山岗上就矗立着一座雄伟的建筑，那就是俄罗斯人引以为荣的宫殿——克里姆林宫，它是历代沙皇的皇宫。

在11世纪末12世纪初期，波罗维茨基山岗上出现了一个居民点，这就是克里姆林宫的雏形。到15世纪末，克里姆林宫成了国家政权和宗教权力的所在地。1918年，莫斯科重新被列为首都，克里姆林宫也就成了最高权

力机关的工作地。现在,俄罗斯联邦总统的官邸就在克里姆林宫。

死里逃生的克里姆林宫

第二次世界大战的时候,克里姆林宫是苏军统帅斯大林的司令部,希特勒便想方设法地去摧毁它。1941年7月22日,德军派了127架挂满炸弹的飞机去空袭莫斯科,目标就是克里姆林宫。可是德军到了那之后，只是随便扔了几个炸弹就回去了，因为他们根本找不到目标。原来，苏联军事部门采取了伪装方案，让克里姆林宫在德军的视线中消失了，克里姆林宫这才逃过一劫，成为现今一份珍贵的建筑遗产。

伊凡大帝钟楼是一座瞭望塔

克里姆林宫是由15、17、19世纪分别修建的三座宫殿连接而成的，其中的伊凡大帝钟楼是克里姆林宫最高的建筑。这座钟楼起初建筑的时候，本来只有三层，到了1600年才又增加到了五层，并为它做了一个金色的屋顶。同时这座钟楼也是一座瞭望塔，站在上面能看到周围32千米的地方呢！

"钟王"和"炮王"相依为命

在钟楼附近有世界上最大的钟，被誉为"钟王"。钟王是在1735年铸成的，距今已有270多岁的"高龄"了。它有5.87米高，直径将近6米，重量更是超过了2.3吨。这位"钟王"的"身世"好可怜，它曾遭遇过一次火灾，被烧得灼烫的钟碰上水后掉了一块，仅这一块的重量就有11.5吨呢！另外，这座钟的表面还雕刻了很多精美的塑像和图案，所以这么精湛的工艺，被称之为钟王也不为过啊！

钟王并不孤单，因为在钟楼的周围还有一个"炮王"和它做伴呢！这个炮王是在1586年制成的，重约40.6吨，炮口直径有89厘米。在"炮王"的前面摆着四个大炮弹，每个炮弹都有2吨多重呢！

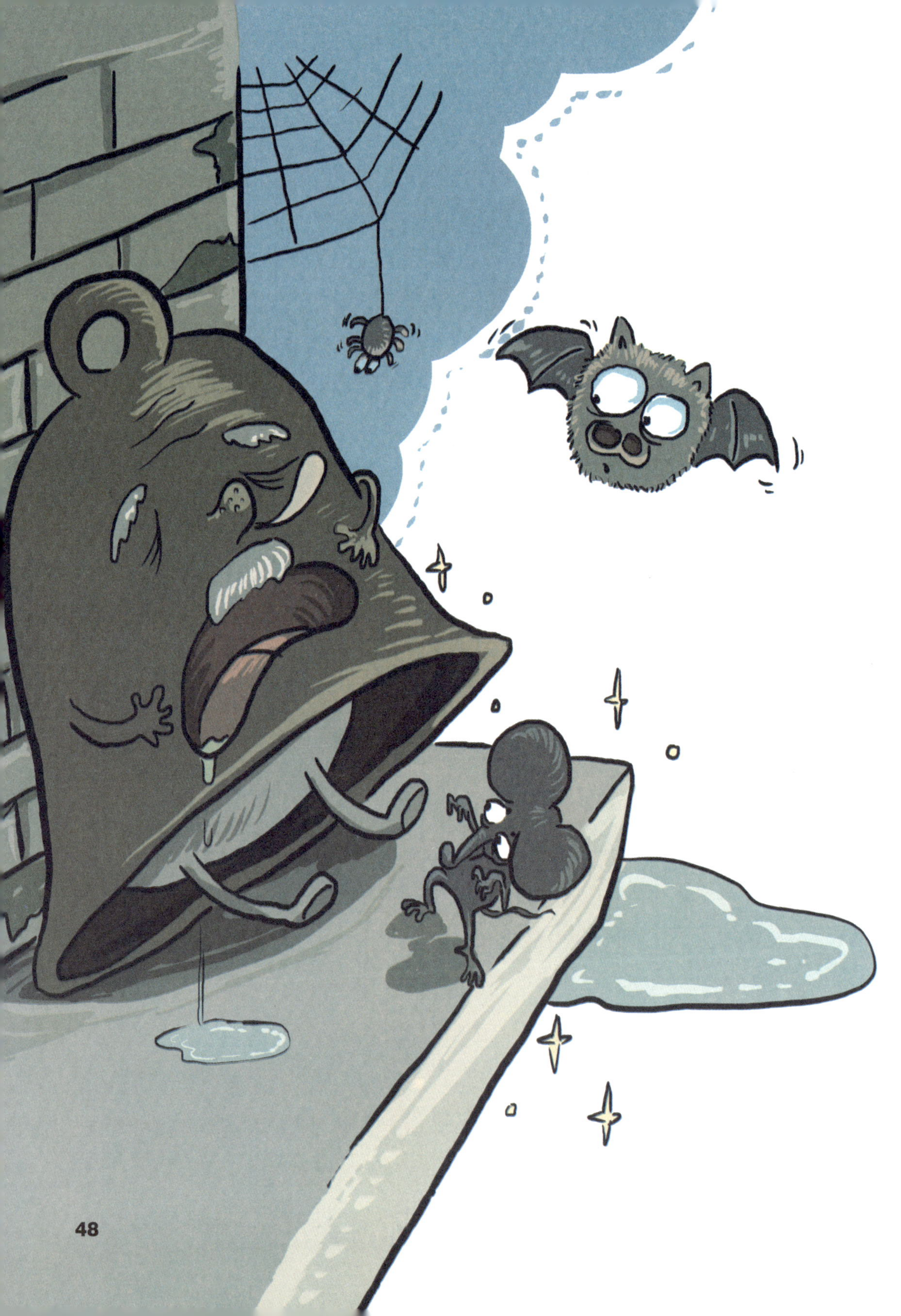

红场是怎样得名的呢？

一提起莫斯科，自然就会想到红场。红场是莫斯科最古老的广场，也是克里姆林宫建筑群里的一部分。红场呈长方形，总面积大约有9万平方米，位于克里姆林宫的东面。15世纪的时候，莫斯科不幸地遭遇了一场大火，火灾后便出现了一片空旷的广场，这就是现在的红场。原来被称作"火烧场"，直到17世纪开始才改为"红场"，因为俄语里"红色的"这个词是"美丽的"意思。

趣味问答

克里姆林宫是谁修建的？

最初的克里姆林宫城堡只是用一座木墙盖起来的，后来被改筑成石墙。到了1238年，俄罗斯打了败仗后被侵占，莫斯科也被蒙古帝国统治。此后克里姆林宫遭到了严重的破坏，但很快获得重建，直到1480年，伊凡三世把莫斯科收回，统一了俄国。他召集俄罗斯和意大利最优秀的建筑师和艺术家，才修建成了后来的克里姆林宫。

如梦如幻的凡尔赛

有人曾经这样形容过：中国的美在于金碧辉煌，英国的美在于神秘传奇，而法国就是极尽奢华。法国的宫殿从最初的贫瘠荒野到修建得如同仙境，法国人对艺术十分讲究，每一个细小的地方都要用人工雕琢，而就是这些细小的精致才造就了它们今天的万世瞩目。在那还里有着世界独一无二的"镜子王国"，如同仙境一般，这个镜子王国在哪儿呢？这里又是怎样的奢华，我们要细细品味才能发现哦！

建在南郊荒地上的宫殿

早在17世纪初,法王路易十三来到凡尔赛,建造了一座专门打猎用的砖房。因为这里森林茂密,又常有野兽出没,所以达官显贵们非常喜爱。虽然房子建得并不吸引人,但是这里的环境却十分幽美,路易十四执政后,常来这里躲清静,后来他便专门聘请了建筑大师勒伏和园林专家勒诺,以专门打猎的砖房为中心,建造出一座雄伟的宫殿,而这便是凡尔赛宫的雏形!

好大的一座宫殿啊！

自1661年，路易十四兴建宫殿后，1682年，法国的宫廷及中央政府也迁到了凡尔赛。凡尔赛的总长有707米，其中建有花园中的阿农宫、马厩等。路易十五时期还兴建了歌剧院。而整座宫殿经过近百年的扩建和装饰后，面积变得非常大，可以同时容纳5000名朝臣、艺人和仆人居住。

世界上一流的建筑在哪里？

凡尔赛宫被称为世界上一流的建筑，而在这个宫殿中最为著名的就

是位于中部的"镜廊"。它的左边是和平厅,右边是战争厅。镜廊的墙面用洁白的大理石铺满,壁柱用深色的大理石衬出,柱头是铜制的并包裹着一层金。天花板上绘满了巨幅油画,展现出法国独特的艺术风采。巨大的吊灯放置了数百支蜡烛,排列两旁的16座雕像和24支光芒四射的火炬,让人流连忘返。

这里是镜子王国吗？

在镜廊的一面，由17扇拱形的大玻璃窗组成，在它的对面，还贴满了17面大镜子，这17面大镜子每一面都由483块镜片组成，在这个镜廊里，白天会给你一种错觉，让你觉得置身于花园之中，因为这些玻璃和镜子通过光的照射，能将正面的花园直接映入屋中。而这些镜子和玻璃的设计是非常考究的，它们能够将大量的光源引到室内，即便是在夜晚，这里也依然亮堂堂的。而夜晚数百支点亮的火焰，晃动的火光会让我们觉得走进了仙境一般。

这个花园很庞大！

宫殿正对着的是一座独特的花园，花园里巧妙地运用了几何图形做

装饰，而整个花园里的图案都是由人工雕琢而成的！在花园中还有两个非常大的喷水池，光喷头就有600多个。在水池边有100尊女神像，20万棵树木和各式花坛。而这里对花的讲究还是源于路易十四的特殊嗜好。另外，花园中还有一条很长很宽的运河，河水是从塞纳河引进的，水面上停泊着一只只游船和小艇，为整个花园增添了一分幽雅。

你知道母神喷泉的神话吗？

母神喷泉也是凡尔赛宫中的一处亮点。母神喷泉被四层圆台簇拥着母神喷泉，是一座大理石雕成的，高高的太阳神母，一手护着幼小的阿波罗，一手似乎是在挡四周喷来的水柱。而水柱是圆台处的蛤蟆雕像口中喷出的，而这个神话就与这幅画面有关：相传天神宙斯生下了阿波罗，但他的妻子赫拉很不喜欢他，就把阿波罗驱逐出去了，阿波罗到处流亡，忍饥挨饿向农夫借粮，但是农夫竟然向他吐口水，宙斯知道后大发雷霆，就把这些农夫都变成了癞蛤蟆。

趣味问答

巨石创造的
世界奇迹

一个在沙漠中历经千年岁月考验的古老国度，为人类讲了一段神秘的故事，将人们带到他的领地，观摩智慧的杰作。但经历了无数岁月后，当人们历尽艰辛去拜访他、探究他时，他却沉默不语了，这个神秘的国度，究竟有着怎样的历史？经历了怎样的变迁？带着这些疑问，我们一起去看一看吧。

崇拜神灵的国家

有这样一个国家，他们认为人生来是要度过一个短暂的生活的，而死后才能得到真正永久的享受。他们世代都对神有着虔诚的信仰，认为人死是一种尘世生活的延续，而就是这种"来世观念"让他们对死后的准备非常精心，他们就是古埃及的"法老"，而伟大的金字塔就是古埃及法老的神秘陵寝。

金字塔是谁建的？

对于金字塔留给我们的谜，至今依然无人能解。而金字塔的来历也只能通过一个传说来了解：相传，在古埃及的第三王朝之前，这里所有的人死后，都会被人用一种泥砖建个长方形的坟墓。后来，一个名叫伊姆荷太普的年轻人，通过自己的聪明才智为埃及法老左塞王设计了一个坟墓，这是一种新的建筑方法。他从山上采下方形的石块，用它代替泥砖，不断地修改，最终修建成为一个六级的梯形金字塔，也就是我们现在看到的金字塔的雏形。

打造奢华的坟墓！

由于受到历史的深远影响，在古埃及每一个有钱的人不是想着要给自己买好吃的东西，和盖更大的房子，而是信心满满地为自己打造坟墓。它们会在自己的坟墓里用各式各样的东西来布置，而那些有权有势的法老和贵族们更是会花费几年甚至几十年的时间来建造坟墓，并且会请来匠人，在坟墓内精心地雕花，用壁画和一些木质的模型打造出他们死后仍然要从事的事情，比如狩猎，比如欢宴，还要在这里为他们做一些仆人们劳动用的工具，他们认为这样自己死后就会和生前一样的舒适。

金字塔是对太阳的崇拜吗？

在古埃及，人们都十分崇拜太阳，它们有着这样一个观念，那就是法老死后会成为神，而法老的灵魂会飞到天上，而他们的金字塔就如同通往天空的天梯一般，在众多的金字塔里，三角锥体的金字塔体现了埃及人对太阳神的崇拜，而金字塔象征的就是照耀天边的太阳光芒。即便到了现在，当你沿着金字塔棱线的角度向西方看去，都能感受到金字塔洒向天边的光芒。

金字塔的意外发现

金字塔给人们带来的朦胧感越大，人们对它们就越是好奇，因此人类对古埃及的考察从来没有间断过。而让人们兴奋的是1993年初，当考古学家在吉萨金字塔区考察时，竟意外地发现了庞大的古墓群，里面共有160多个古墓，墓壁上的绘画和墓里的象形文字都展现了金字塔修建时的场景。但这群古墓不论是在造型上，还是在用料上，都有着很大的区别。

1996年7月埃及又决定开放开罗以南达舒尔的四座金字塔，这四座金字塔中，有两座最为古老，是由古埃及的第四王朝法老萨夫罗建造的，其中一个金字塔，每面都有两个坡度，造型最为独特，被称之为"弯曲金字塔"或"折角金字塔"。而另一座金字塔用的是发红的石灰石做材料，因此被称作"红色金字塔"。

趣味问答

"金字塔"一词是怎么得来的？

金字塔对于我们人类来说，始终还是个谜，对考古中发现的很多问题也只能不断地猜想。"金字塔"一词就是中国对古埃及的角锥体陵墓进行了形象化的分析而得来的。因为角锥体的建筑物的每一个面都会呈现三角形，这就类似于中国汉字当中的"金"字的外形，所以才有了"金字塔"一词。

不复存在的底比斯

在古埃及，曾经有一座强大的都城，在当时无人能敌。而都城的人们，心中都有个至高无上的神，他们认为，这里的繁荣景象都是神赐予他们的。但是这个都城是哪里？他们心中的那个神又是谁？曾经最最强大的都城，怎么会消失了呢？这座古城带给了人们太多的神秘感，让我们赶快去了解一下吧！

"百门之都"是哪？

听到"百门之都"这个词，小朋友一定会想，那一定是一百个门的都城喽！那么这个"百门之都"名字的由来是什么呢？原来这个"百门之都"就是古埃及的底比斯，也就是被古希腊的著名诗人荷马称为"百门之都"的地方。在公元前14世纪中叶，那正是古埃及新王国时期，在尼罗河的中游，底比斯曾经是一座世界上无人能比的都城。

是谁建立了底比斯？

埃及的第十一王朝法老叫作孟苏好代布，他在公元前2134年左右，看上了底比斯这块土地，于是将它建为都城。时光匆匆走过，经历了两千多年的辉煌，底比斯遭到了一次又一次的重创后，在古埃及的版图上消失了。但底比斯曾经的存在并没有被人们抹去，相反，它虽然消失了，却依然在埃及的发展史上起着重要的作用。

谁是埃及最高的神？

在古埃及人心目中最高的神是阿蒙神。当底比斯还处在埃及古王国时期的时候，它并不出名，而且在商业方面也并不显赫，但是由于地界条件十分的优越，通往西奈半岛和彭物的水路，还有通往努比亚的陆路，都必须经过底比斯。这样底比斯的商业日渐兴盛起来，可是古埃及人觉得底比斯在商业上的兴盛是阿蒙神赐予的。于是法老孟苏好代布就将都城定在了底比斯，又将阿蒙神奉为"诸神之王"。在日后的建设中，阿蒙神的塑像在底比斯随处可见，因此底比斯在古埃及的整个历史中有着很重要的地位。

不好啦！底比斯被入侵了！

在很久很久以前，外族的喜克索斯人入侵了中古王国，将一大半的古埃及都划分到自己的领土上，并在阿瓦利斯定都，建立了第十五王朝和第十六王朝。底比斯的这次衰落让古埃及感到愤怒了，于是在阿赫摩斯一世的率领下，古埃及人又重新振奋起来，在底比斯建立了第十七王朝。不久他们终于又攻占了阿瓦利斯城，把这些抢夺他们家园的坏人赶出古埃及，古埃及的新王国时代便开始了。

底比斯的厄运！

在新王国时代的第二十一王朝以后，底比斯的统治集团开始发生了内乱，并且形势越来越严峻。后来爱琴海及小亚细亚的海上民族还不断地遭到入侵，从此底比斯就一直遭到厄运笼罩，当遭到亚述军队入侵、火烧的浩劫后，底比斯已经元气大伤，再没了往日的辉煌。而公元前27年，一场地震彻底将底比斯摧毁成为平地，那些仅存的纪念性建筑最终也没能逃脱厄运的袭击。

趣味问答

法老墓会隐身吗？

　　震后的底比斯在拉美西斯二世时期，又重修了阿蒙神庙主殿，规模非常庞大。在西底比斯还开始修建工程浩大的陵墓，最著名的是拉美西斯二世墓和图坦卡蒙墓。在山谷之中，人们还发现了法老和权贵们的陵墓，这里也被称为帝王谷。可帝王谷在被发现之前，已经遭到盗墓者的洗劫，而惊喜的是一个沉睡了三千三百多年的法老墓竟然完完整整地呈现在了人们的面前。在那样大规模的一次洗劫中，这座法老墓是怎样逃脱了厄运，难道它会隐身吗？

为什么那只狮子长了张人脸?

小朋友们都喜欢听美人鱼的故事，美人鱼长得非常漂亮，因它有一条金光闪闪的鱼尾，能让它在水中自由地活动。美人鱼的故事只是一个关于广阔海洋中的神话传说，在陆地上，其实也有着类似的一个传说，它是由一尊高大的雕像引起的，只是故事的主人公不是人鱼，而是威武的人狮！想不想一起去领略一下它的风采呢？听说它还有很多故事要讲给我们听呢，那就赶快出发吧！

埃及著名的雕像是什么？

埃及有着独特的建筑风格，尤其在建筑角度上极为讲究。在埃及，除了金字塔以外，还有一座著名的雕像——狮身人面像。当我们站在埃及向东方凝视时，就会发现，这座神秘的狮身人面像的视线，正好与30度纬线相吻合。这座巨大的卧像看起来威武庄严，却又面露忧郁，像是永远也睡不醒，却又时刻警惕着周围的变化。这让很多观摩它的人们都在揣测，也许它是在用这样的表情为我们讲述一段至今未解的历史片段，只是我们人类还需要更多的时间去了解它。

狮身人面像的脸最爱惹争议!

很久很久以前有这样一个传说,古埃及的狮身人面像是卡夫拉依照自己的脸孔雕刻成的。卡夫拉是谁呢?他就是古埃及第四王朝的法老。可是没有人目睹过卡夫拉的尸体,所以世界上的很多人用各种方式猜测,争议声不断。为什么人们会把卡夫拉和狮身人面像联系到一起呢?原来在狮身人面像的两个前爪之间,刻了一个音节,而一些学者分析,

这个音节正是卡夫拉的名字。但由于后世的很多位法老都曾修复过狮身人面像，所以卡夫拉究竟是修复者还是真的建造者，至今还是个颇具争议的话题。

拿破仑偷走了狮身人面像的鼻子?

对于狮身人面像的历史，似乎隐藏了太多的谜。它面颊上丢失的鼻子就曾有不少的传闻。拿破仑就成了被人们指责最多的一个人，这是为什么呢？相传在1798年，拿破仑入侵埃及时，气势极为高傲，所有人都对他毕恭毕敬，唯独斯芬克司依旧面无表情，依旧威严挺立在那里，拿破仑大怒，命人用炮轰，于是就把它的鼻子给轰掉了。但这个理由似乎有点儿牵强，据说拿破仑还为狮身人面像清理过掩埋全身的沙土，所以对拿破仑这样草率的指责真是让他蒙受了不白之冤啊！

图特摩斯四世的梦

人们总是会把一些难以解释的事情加以神话的色彩，而有关古埃及的故事就更是数不胜数。其中有一个故事很有意思，是说在大约3500年前，狮身人面像竟然被沙土掩埋了。一个王子刚好打猎路过这里，突然觉得很困，就躺在沙丘上睡着了。在睡梦中，他梦见了狮身人面像对他说："我就在你的身下，如果你能帮我把身上的沙土拿掉，我会帮你完成做法老的愿望。"梦到这儿，王子便醒了，他怀着好奇心，立刻找人将狮身人面像身上的沙子清理掉。后来，这位王子真的成了法老，他就是著名的图特摩斯四世。

猜不出谜语要被吃掉是怎么回事？

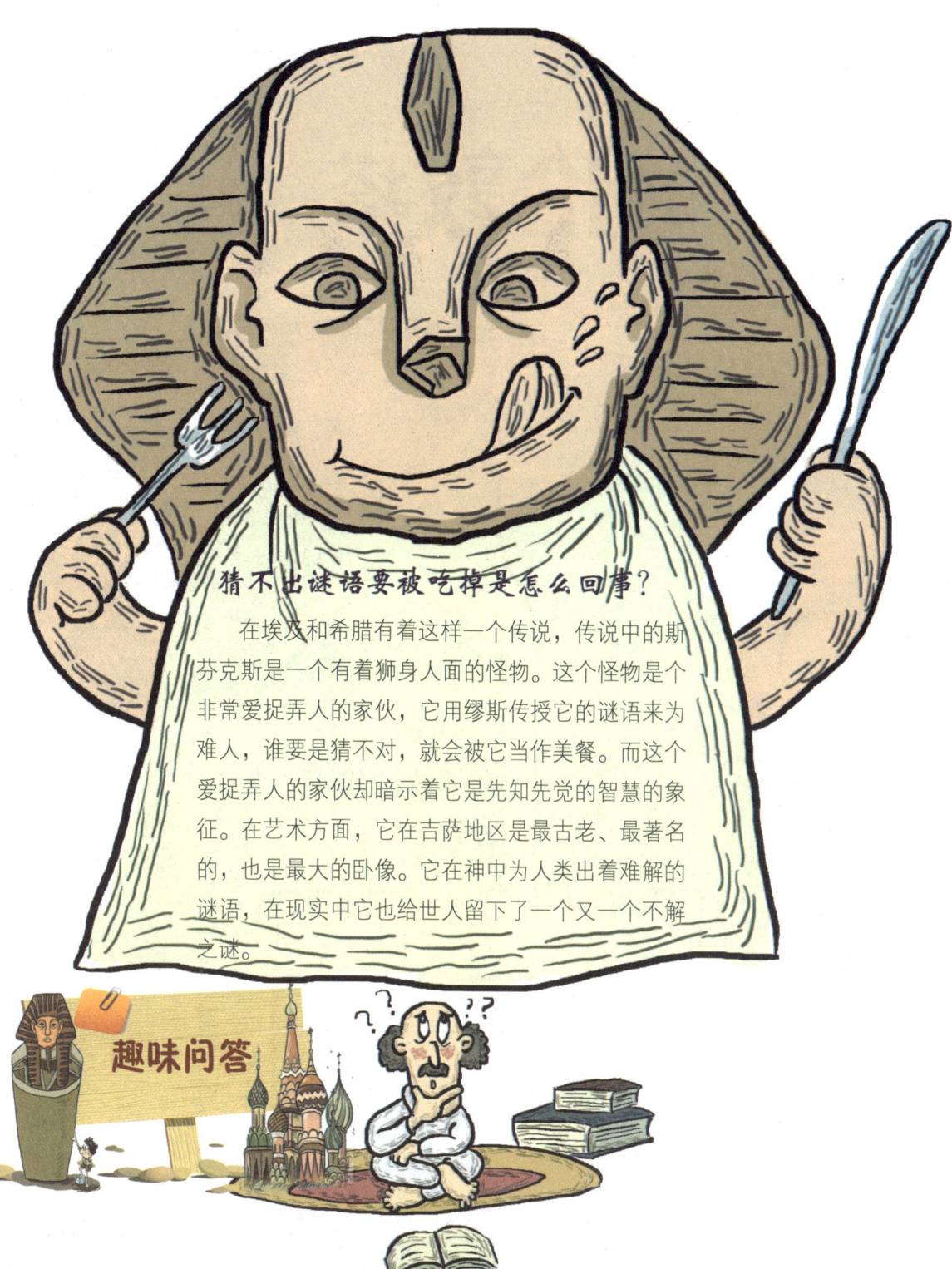

在埃及和希腊有着这样一个传说，传说中的斯芬克斯是一个有着狮身人面的怪物。这个怪物是个非常爱捉弄人的家伙，它用缪斯传授它的谜语来为难人，谁要是猜不对，就会被它当作美餐。而这个爱捉弄人的家伙却暗示着它是先知先觉的智慧的象征。在艺术方面，它在吉萨地区是最古老、最著名的，也是最大的卧像。它在神中为人类出着难解的谜语，在现实中它也给世人留下了一个又一个不解之谜。

趣味问答

神秘兮兮的伦敦塔

在英国伦敦的东南角，林立着一座巨大的城堡，这座城堡南临泰晤士河，本来它是11世纪就建造好的方形三层塔楼，后来为了加强防御，这座白塔的四周又陆续建起了两层城墙，并设有很多炮台和箭楼，不仅如此，在城墙的四周还修建了一条宽宽的护城河。听说这个神秘的白塔还有着很多的功绩呢！那么这个建筑究竟是什么？它又有着怎样的故事呢？我们一起去看看吧！

这里是国王的天下

1078年，英国国王威廉一世下令在位于伦敦城东南角的塔山上，建造一座塔式的建筑，这座神秘而巨大的城堡就叫作伦敦塔，它曾经是罗马人的城堡。后来，这里成为英国历史上很多国王居住的地方，因为历届国王在加冕前都必须在这里居住。

坐落在中间位置的是诺曼底塔楼，它是伦敦塔最重要也是最古老的建筑，因此也可以算是这里的"塔祖"了。因为它是用白色的石头建成的，所以又叫作白塔。白塔有三层，顶层是一个小礼拜堂，高27.4米，东西长27.4米，南北长32.6米。这座白塔虽然是最古老的，可也是最坚固的哦！它的墙壁都是双层加固的，而窗户的设计又都很小。

揭开伦敦塔的真实面纱

这样一个备受世界关注的伦敦塔，很多人都梦想着要到那里去旅游！然而在很久很久以前，伦敦塔并不是让人们向往的地方，因为这里还有一段非常可怕的历史，这里曾经是关押犯人的监狱！不过这里关的不是普通老百姓，而是上层阶级的囚犯。当时的囚犯一般都是一人一间牢房，还有人给他们送饭吃，现在还能从墙壁上看到以前的囚犯留下的字迹呢！

伦敦塔的卫兵都爱吃牛肉吗？

为了加强伦敦塔的守卫，这座塔只设置了一个拱门作为进入城堡的入口。英国皇家派了许多士兵对伦敦塔进行专门护卫。人们都喜欢亲切地叫他们"吃牛肉的伦敦塔卫兵"。可是卫兵开始纳闷了，我们没有偷吃牛肉啊！怎么被起了这样一个外号呢？后来终于弄清楚了，原来在国王亨利八世的时候，经常给卫兵发牛肉吃。

乌鸦的王国

乌鸦在中国可不是个受欢迎的小动物，但是在英国，却受到了最高的待遇，这里有一个有趣的故事：

亨利三世曾经在伦敦塔里生活过很长一段时间，他是第一个在伦敦塔里养动物的人。这个国王喜欢养各种各样的动物，甚至还有可怕的花豹和北极熊，那时的伦敦塔简直就是一个动物园。现在塔里还有动物吗？当然也有了，只不过现在塔里只有一种动物了，那就是渡鸦，渡鸦其实就是我们常见的乌鸦。在中国，乌鸦并不是很惹人喜爱，但是英国人却对它们非常喜爱。在那里甚至有这样一个传说，如果伦敦塔里的渡鸦都飞走了，那么伦敦塔也会崩塌不复存在的。但渡鸦才不想离开呢，因为这里每天都会有人喂它们最美味的食物。

这里真是一座藏宝库

在伦敦塔里，展出了很多奇珍异宝，最漂亮的则是维多利亚女王的一个皇冠，上面镶嵌了三千多颗宝石。还有一根国王的权杖，上面镶有一个530克拉的大钻石，听说这是世界上最大的一颗钻石，它被称为"非洲之星"。嘿嘿，想想看，这得值多少钱啊！

听说过"锁门仪式"吗？

伦敦塔现在仍然保持着"锁门仪式"这个古老的传统。晚上十点钟，锁门仪式正式开始，由看守长和一名中士、三名士兵一同完成。看守长先锁上最外面的大门，然后锁上中塔的大门，最后锁上边堡的大门。回到城堡里面后，卫兵们要一起举枪，看守长要举起他的帽子，然后他们一起大喊："上帝保佑伊丽莎白女王。"

趣味问答

叛逆者之门有什么用？

在之前的文章中，我们了解到了，伦敦塔曾经是一座可怕的监狱。那里最多时，关押了1700多名犯人呢！而这些犯人在进入伦敦塔时，都必须经过一道水门。这道水门位处整个要塞的西南角，在外城墙下面就是这道水门。犯人经过判决必须经过泰晤士河，再经过这道水门才能够进入伦敦塔，而这道水门也因此被称作"叛逆者之门"。

在地道里穿行的王国

在离我们很远很远的埃塞俄比亚地区，曾经有着这样一个小山村，它的名字叫作拉里贝拉。这个小山村看起来非常的独特，它是由11座古老的教堂组成的，这些教堂都是用整块整块的红色火山石敲凿而成的，所以很多人把它们称为"独石教堂"。可是那里

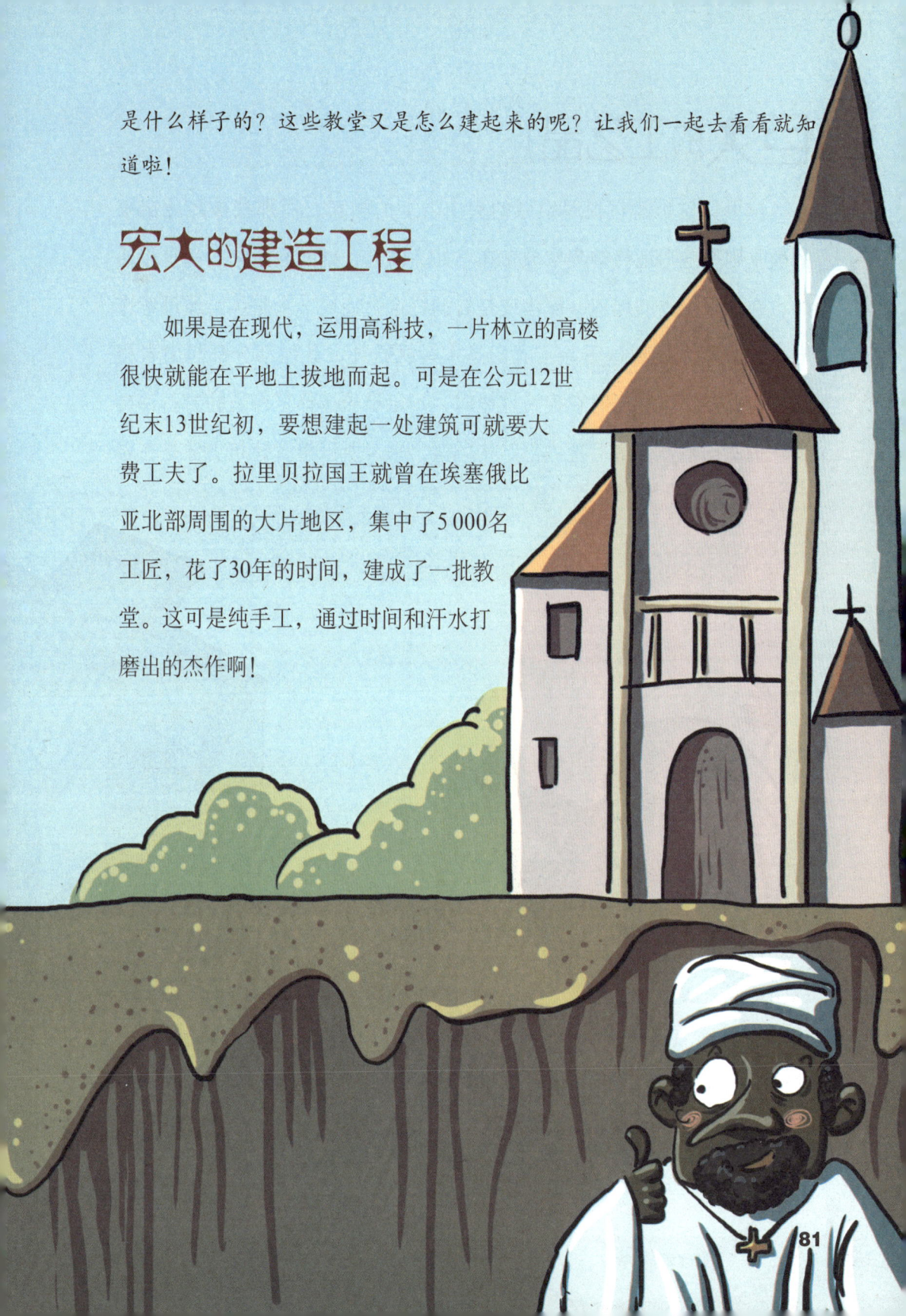

是什么样子的？这些教堂又是怎么建起来的呢？让我们一起去看看就知道啦！

宏大的建造工程

如果是在现代，运用高科技，一片林立的高楼很快就能在平地上拔地而起。可是在公元12世纪末13世纪初，要想建起一处建筑可就要大费工夫了。拉里贝拉国王就曾在埃塞俄比亚北部周围的大片地区，集中了5 000名工匠，花了30年的时间，建成了一批教堂。这可是纯手工，通过时间和汗水打磨出的杰作啊！

巨大的工艺品！

拉里贝拉是建在很厚很厚的火山岩上的国家，而那些被雕琢出来的教堂则按地形地势被集中分布在三处。同处一处的教堂之间都是相通的，在地下挖出的地道、深沟或是岩洞将这里连成一个整体。通过考古专家的观察，发现这里除了大门是木料材质外，其他部分都与山岩相连，因此专家推测当时在建造这里时，一定是先选择了合适的岩石，再将它们凿出整体，最后把内部结构雕凿出来。所以整片建筑更像是在岩石上雕刻出的巨大工艺品一样！

这个十字架是什么啊？

我们来到这里，站在一处山坡上，就会看到一个立体的十字架。有很多穿着白衣的教徒将它围起来，虔诚地做着祈祷。走近一看，原来这个十字架正是圣·乔治教堂。它的整体被雕琢成十字形，建在一处20米深的地下，因此，站在远处时，我们只能看到它的屋顶。它与其他教堂之间，被高耸的深沟隔开，地下有地道将它们连通。

这片红墙是哪里？

小朋友们知道，中国自古就将红色作为吉祥色。中国的国旗、天安门还有故宫等等，都使用了红色的材质。可是这里要说的红墙，可就

和中国无关了,那这片红墙是什么呢?原来它们也是一座教堂,这座教堂是由红色岩石雕琢而成的,这种材质让它看起来很像是一座木质的房子。它就是埃曼纽尔教堂,因为墙体为红色,又被人们称为红色教堂。

另两座独特的教堂在哪儿呢?

在这里,我们还找到了另两个独特的教堂,一个是玛利亚教堂,这个教堂的独特之处是它的精美,当专家们看到它的内部装饰时,都为当时的建造者所感动。这里的天花板和拱券上面,都刻满了浮雕,还用丰富的色彩组成了千姿百态的图案。另外一座令人叹为观止的,是一座

双子教堂，它的结构很独特，从外面看很像一个整体的教堂，但走到内部，就会发现，这里其实是两个结构不同的大堂，它们也是由中间的地道相连。在这儿，你能看到的其实不只是历史的变迁，同时还能够看到，当时的人们留下了怎样的智慧。

相连教堂的地道有什么作用？

这些地道其实不仅仅为了将这里的教堂都相互连接在一起，它们更重要的作用其实是防卫。当遇到侵略者来袭时，这里的百姓就可以沿着地道撤退，而且地道的两端都设置成可以关闭的构造。这样就可以保证他们全身而退了，当入侵者到来时，拉里贝拉就像是一座空城一样，又有多少人会想到地下还设有那么多复杂的通道呢？

趣味问答

茫茫大漠里的明珠

小朋友，你知道"飞天"吗？"飞天"，就是中国火箭的名字。其实，在最早的时候，飞天是一幅画，上面画着飞舞的天人。每当看到优美的飞天，人们就会不自觉地想起中国的敦煌莫高窟，因为飞天是莫高窟壁画的标志性图案。据说莫高窟是大漠中的一颗明珠呢，它究竟有什么令人着迷的地方呢？咱们去看看吧！

中华文明的艺术宝库

莫高窟,又叫作千佛洞,在中国甘肃省敦煌市的东南方向,处于三危山与鸣沙山形成的自然屏障之内。从本质上来说,莫高窟属于石窟寺院,以精美的壁画和塑像而著称。莫高窟不仅是享誉世界的佛教艺术中心,还是中国规模最宏大,保存最完好,内容最丰富的佛教艺术宝库。

莫高窟南北长度超过1 600米,由上而下分别设有五层洞窟,这些洞窟错落有致地排列在鸣沙山东麓的断崖上。至今为止,人们共发现735个大小洞窟,4.5万平方米的壁画,2 415尊泥质彩塑。在藏经洞中,一共出土了5万多件古代文物。有人称莫高窟为"东方卢浮宫",还有人说它是20世纪最有价值的文化发现。

金光佛祖的传说

传说在很久以前,有一个叫作乐傅的和尚,为了寻找经书中的西方极乐世界,历经了千难万险。公元366年,他来到了万里之外的敦煌。

有一天,云游的乐傅经过三危山下面的河谷。走了一整天的路,乐傅非常地疲惫,而且他还十分地饥饿。于是,他在河岸边坐了下来,打算歇息一会儿。这时正好夕阳西下,落日的余晖笼罩了三危山。当乐傅抬头仰望时,他看到了一幅奇景:三危山出现了万道金光,五颜六色的光环照亮了整座山谷。在金光中,佛祖的真容显现出来,足足占据了三座山峰。恍惚之中，乐僔似乎听见无数的菩萨正在诵经说法。

乐僔觉得佛祖显灵了，这里肯定就是自己寻找的极乐世界。后来，为了便于修行佛法，在与三危山相对的鸣沙山断崖上，乐僔开凿了一个洞窟。这就是莫高窟的第一个洞窟。过了一段时间，这里又来了一个叫作法良的禅师，他也开凿了一个洞窟。

莫高窟的千年繁荣

莫高窟始建于北魏早期，历经北魏、西魏、北朝、隋、唐、五代、西夏、元等历代的兴建，已形成巨大的规模。

这个过程中，不仅是一代代的佛门弟子致力于开凿洞窟，各个朝代的达官贵人、商贾百姓也都加入到寺院的建设中来。随着洞窟的规模越来越大，这里慢慢成了僧侣们聚集的圣地，香客和朝拜者也越来越多。就这样，莫高窟逐渐进入鼎盛时期。直到元朝末期，这里的香火一直照耀着整个山谷。在这一千多年之中，莫高窟一直是人们寄托精神和感情的地方。

到了明、清两朝，莫高窟慢慢被人们冷落了，曾经的辉煌已成为过眼云烟。20世纪初的时候，有一个王道士负责看守

莫高窟。一天，他在打扫时意外发现了藏经洞，谁也没想到，这竟是一个考古学界的重大发现。

举世瞩目的艺术殿堂

在莫高窟的艺术殿堂内，我们既可以看到古建筑、壁画、雕塑，又可以欣赏到不同时代的艺术风格。尤其是在唐朝，因为外来艺术与中国民族艺术之间的融合、渗透，莫高窟的艺术进入空前繁荣阶段。所以，这一时期的石窟也最多。

说到莫高窟，我们就不得不说说那些丰富多彩的壁画。在当今世界上，无论是其他的宗教石窟，还是寺院或宫殿，都不能与敦煌壁画相媲

美。壁画布满了洞窟的四周和窟顶，故事的内容也很丰富，有佛经故事画、经变画和佛教史迹画等。像飞天、佛像、伎乐、仙女等人物，都是最为常见的。小朋友，现在知道飞天为什么很有名了吧？

莫高窟的雕塑也一样让人印象深刻。要看大的佛像，你能见到高达33米的坐像；要看小的佛像，这里有十几厘米高的小菩萨。喜欢大场面的人，可以去看人物繁密的巨幅雕刻；喜欢小细节的人，可以去看性格鲜明的单一雕塑。这里就像一座大型的雕塑馆，让走进来的人流连忘返。

乐傅看到的金光佛祖是真的吗？

在今天，我们仍然可以看到传说中乐傅所见到的金光。其实，这是一种很常见的自然景观，乐傅之所以能从金光中见到佛祖，只不过是他的幻觉罢了。莫高窟能成为世界文化遗产，是因为有无数像乐傅一样虔诚的人来建设它，这跟三危山的夕照没有太大的关系。

趣味问答

南半球最古老的文明遗迹

在古代东方，人们建造了四大奇迹，它们分别是中国的长城、埃及的金字塔、柬埔寨的吴哥窟和印度尼西亚的婆罗浮屠。婆罗浮屠我们不常听到，那是什么呢？其实它跟吴哥窟一样，也是佛教的圣地，只不过吴哥窟是一座石窟寺庙，而婆罗浮屠是一座佛塔寺庙。有人说它是南半球最古老的文明遗迹，那它究竟有什么神奇之处呢？

大乘佛教的兴盛

大约在公元8世纪后期到9世纪,印度的大乘佛教在爪哇岛兴盛起来,信众越来越多。为了巩固自己的统治,当时的夏连特拉王朝修建了婆罗浮屠。在梵文中,"婆罗浮屠"可译为"山顶的佛塔"。

后来,几十万农民和奴隶被带进这片山林,在这片传说中的圣地建造寺庙。用了整整15年的时间,建筑者将附近河流中的200万块岩石运到山上,每一块岩石的重量都在1吨左右哦,然后用它们打造佛塔。后来,一座长123米、宽113米、高42米的佛塔呈现在世人面前。

走进婆罗浮屠

整个建筑远远望去,它就像一个巨大的坛场。佛塔一共有9层,下面6层为方形,上面3层为圆形,每层之间有台阶相连。在台阶的上方,我们可以看到刻有各种浮雕的牌楼。沿着台阶一直往上走,就可以来到最高层的圆台上面。在这里,一共有73个倒钟式的佛塔,主佛塔位于正中,72座小塔环绕在主塔的四周,就好像众星捧月一样。

如果能站在主佛塔的旁边，那你一定会觉得自己很厉害，因为一座座云雾中的锥形火山此时都在你的脚下。在每个小塔的里面，都有一尊成人大小的佛像，体态丰润、形态各异。从顶层往下走，你会发现每层都有很多佛像，有人还专门数过呢，说大小佛像一共有505尊。

在下端的方形回廊壁上，刻有内容丰富的宗教典故，而且还包括当时的风土人情，如风俗、人物、花草、鸟兽和热带水果等。这些浮雕一共有2 500幅，连起来足足有4千米长，能称得上是"艺术的画廊"。

把佛像藏起来的佛塔

建造之初,婆罗浮屠的佛像都位于佛塔内。但是,经过岁月的洗礼,一部分石塔出现了较大的损毁,结果有些佛像只能跑到外面来了,直接面对风吹和雨打。由于当地政府的工作做得很好,所以大部分佛塔保存得都比较完好。小朋友肯定会问了,佛像在佛塔的里面藏着,我们怎么看他们呢?

其实,石塔上刻着一些石孔,而且石孔的大小、形状都各不相同。参观者就是通过那些孔洞看佛像的,还有人会把手伸进去摸摸呢,有意思吧?只要看到来旅游的人,当地人就会告诉他:"把手伸到塔里,如果能摸到佛像,你就会得到福气和好运。"

还有一件更有意思的事呢,越走进顶层的主塔,塔上的石孔就会变得越少;等来到主塔前面,你会发现这座塔上完全没有石孔。是不是很神奇啊?

火山灰下的文明奇迹

爪哇岛曾发生过一次大规模的火山喷发，婆罗浮屠被火山灰埋了起来。过了大约一千年，1814年的一天，一个英国探险队来到了印度尼西亚爪哇岛，他们登上了中部默拉皮火山的山麓，并且走到了埋藏婆罗浮屠的这片山林。当落日的余晖照向这座长满灌木的山丘，人们觉得眼前的剪影跟佛像差不多。

回到山下后，他们选中了一个树木稀疏的地方，然后开始挖掘。没想到，厚厚的火山灰下面真的有石雕的佛像，这些英国人高兴得又蹦又跳。更没有想到的是，那居然是一个巨大的佛塔，它占地1.23万平方米、总体积达到5.5万立方米。

你见过爪哇岛上的吃人树吗？

在印度尼西亚爪哇岛上有一种能吃人的树，人称奠柏，这种树高约8米，长长的枝条垂贴着地面，假如有人不小心碰到它，树上所有的枝条会像魔爪一样把人牢牢缠住，而且越缠越紧，让人不得脱身，树枝还会分泌出大量黏性很强的胶汁，迅速消化、分解掉捕获的食物。

趣味问答

雕刻这些大石像的是谁呀？

在浩瀚无边的太平洋上，有一个孤独的小岛，在岛的上面有很多石头雕成的巨人像。这些巨人像看上去就跟真人差不多，不过它们非常巨大，而且它们还喜欢戴着一顶红帽子。真是太神奇了！它们是孤独岛的守护神吗？听说巨人像长得都一样呢？咱们去瞧瞧吧！

最孤独的小岛

复活节岛，是太平洋中一个偏僻的小岛，也是全世界有名的孤独之岛。从这里到最近的有人居住的岛屿，大约有1 000千米的距离；从这里去南美海岸，则要航行3 700千米左右。整个小岛看上去像一个三角形，面积只有17平方千米，一端到另一端的最远距离为22.5千米。在浩瀚的海洋中，它就如同一个小小的"肚脐"，因此，当地居民用"世界的肚脐"称呼它。

人们发现复活节岛还不到300年。以前，它只是属于智利的无名海岛，直到1722年，荷兰航海家雅各布·罗杰温才第一次登岛。那天正好

是4月5日，也就是基督教的复活节，所以大家便用"复活节岛"来称呼它。进入复活节岛内陆后，雅各布·罗杰温发现了两类"居民"，一类是有血有肉的土著居民，过着原始生活的波利尼西亚人；另一类是用石头雕塑而成的巨人像。

这里是石像的故乡

别看复活节岛的面积不大，在它的四周，人们发现了数百尊个头惊人的巨人雕像，难怪他们也被当作岛上的居民呢？波利尼西亚人都称这座小岛为"拉帕努伊"，它的意思是"石像的故乡"。这些石像数量庞大、雕刻传神，连现代人也不知道它们是从哪里而来。它们就像一个谜，一个创作者留给后人的谜。

有意思的是，所有的石像都不是全身像，我们只能看到它们的上半身。而且，它们的外形也相差无几。这些石像是那么的高大、雄伟、沉重，它们一语不发地矗立在海边的平台上，面向着前方的大海。如今，虽然人们还没有读懂这些雕像，但它们已成为复活节岛的象征，成了世界著名的景观之一。

这些巨人像是一家人吗？

人们发现了一个有趣的现象，那就是复活节岛上的石像都长得差不多。它们几乎都具有一样的特征：脸形长长的，鼻子微微向上翘起，薄嘴唇向前突出，宽额稍向后倾，大耳朵垂落于两腮，躯干上刻着飞鸟鸣禽的图案，两手自然垂于身体两侧。站得略远一些，你就会看到一个个脸形窄长、神情呆滞的巨人石像。很显然，他们应该是照着同一个种族的人刻出来的，而且极有可能是一家人。由于造型奇特，所以巨人像无法被人忽视。

有一些巨人像还被装扮了一下，它们的头上多出

一项圆柱形的红帽子,土著人叫它们"普卡奥"。从远处望去,那些红帽子就像是红色的王冠,让石像显得不同寻常,似乎有些尊贵、有些高傲。造型的高度一致性,说明在创作过程中有一个统一的标准。而这种雕刻风格,在其他地方也没有发现过,所以,人们对它的兴趣从来都没有减弱。

怎么活只干了一半呢?

在岛上的拉诺拉库山脉,人们找到了九处采石场。在采石场内,堆放着几十万立方米的坚硬如钢的岩石,它们被人分割了,就像一块又一块的小布丁一样。在不远的地方,未被加工的石料被胡乱堆在一起,随处可见乱石碎砾,似乎等着主人来筛选。更神奇的是,人们还发现了300多尊石像,其中大部分的雕刻工作没有完成,那些已经加工好的被移到稍远的位置,似乎等待被运走。有一尊石像更让人不解,它脸部的雕凿工作已经完成了,只剩后脑勺还有一点

儿没有雕刻成。只需要简单的几刀，就能完工了，然而，这一点儿活他们也给丢下了。

看着扔在地上的石斧、石镐、石钎、石凿，还有那些布满采石场的石屑，科学家猜测，这里的工作应该是突然停止的。也许工人们突然间发现了什么，也许他们突然接到什么命令，所以才急匆匆地离去，甚至连采石场都来不及清理一下。是谁建造了巨人像，他们是如何完成建造、移动的，这些都不得而知。

趣味问答

巨人像到底有多高呢？

复活节岛是一个干旱、荒凉的小岛，岛上只住着少数土著居民。但是，就在这座毫不起眼的小岛上，人们随处可见庞大的巨人石像，足足有600多尊。巨人像之所以叫作巨人，是因为它的体积和重量都很惊人。一般来说，这些石像的高度大多为7至10米，重量在30至90吨之间。那些戴帽子的石像，单是一顶帽子就有可能超过10吨呢。

想想看，一个重90吨、高9米的石像就在你的面前，它得多大个呀！到现在为止，如此大规模的奇特的石人像只有这一处，别处都没有哦。

酷爱和平的城市
——雅典卫城

说到白鸽和橄榄枝，大家都会想起雅典。这座跟神话联系在一起的城市，有着数也数不清的故事。最让人们印象深刻的是，雅典是一个热爱和平的城市。小朋友，你知道跟雅典有关的故事吗？为了保卫自己的家园，雅典人还在城市中心的高处修了一座卫城呢！咱们去这座卫城参观一下吧，看看它有什么特别的地方。

城邦文明兴起的象征

雅典卫城又叫作雅典的阿克罗波利斯,在希腊语中,"阿克罗波利斯"指"高处的城市"或"高丘上的城邦"。雅典卫城坐落于雅典市中心的卫城山丘上,海拔156米。它不仅是希腊最杰出的古建筑群,还是当时宗教、政治的中心。

在古代希腊,当一个城邦强大起来之后,往往会建造一个以神庙为中心的卫城,以向世人证明自己的荣耀和财富。公元前580年,雅典卫城的重建正式开始,建成后的卫城占地4平方千米左右。当人们从西侧登上卫城,便可以看到雅典市的全景。当然,人们从雅典的各个位置也都能看到卫城,因为它真的很高。公元前550年左右,在首领伯里克利的领导下,雅典国力日渐强盛,社会经济文化都进入蓬勃发展的阶段。

寻找古希腊文明的足迹

在古希腊时期，文明、神话和宗教都兴盛了长达一千多年的时间。而卫城的山顶则聚集了古希腊文明中最杰出的作品。因为这些古老的建筑，卫城才能够闻名世界。其中，最为人所熟知的是帕特农神庙、雅典娜神庙、埃莱库台伊神庙和楼门普罗彼拉伊阿，它们都是古希腊艺术中最杰出的作品。

现在，比较有名的还有卫城博物馆。在博物馆中，陈列着卫城原有的各种雕塑，还有一些其他的文物，通过它们，我们能更好地了解古希腊的历史。在卫城的顶端，飘扬着蓝白相间的希腊国旗，站在国旗的下面，你可以把整个雅典城收入眼底。

帕特农神庙

帕特农神庙是卫城上最有名的建筑，它不仅是世界上年代最早的大型庙宇，而且是著名的"古代七大奇观"之一。有人说帕特农神庙是一座原始宗教的庙宇，确实如此，在基督教以前，它就已经存在了。

据测算，神庙的总面积大约有1 200平方米。虽然它只有巴黎圣母院的三分之一，但是，它比巴黎圣母院早了1 500年。神庙最长的地方有70米、最宽的地方有31米。神庙周围环绕着46根大石柱，每根柱子都有10米高。那些柱子都很粗，要七个大人手拉手才能绕石柱一周。由记载得知，神庙里原来有一尊雅典娜神像，她身高12米，是用象牙和金子做成的。由于神庙中光线不足，神像看上去更显得金光闪闪。可惜的是，当被运到君士坦丁堡后，她就不见踪迹了。

在屋顶的三角楣上，刻有两幅精美的浮雕，正面的内容为雅典娜出生的场景，披戴盔甲的女神正从天神宙斯的头部跃出；背面的内容为雅典城守护神之争，雅典娜正在和海神波塞冬进行争执。现在，背面的雕刻被英国大英博物馆所收藏。在角楣下的四方壁上面，雕刻着希腊与特洛伊的战争场景；在内侧上方的墙壁，我们可以看到雅典大祭的队伍。

埃雷赫修神庙

在雅典卫城的众多建筑中，埃雷赫修神庙是典型的爱奥尼亚柱式建筑。经过仔细地研究，现代人将希腊古典的柱式建筑分为三种，它们分别为多立克柱式、科林斯柱式和爱奥尼亚柱式。尤其是神庙的北面柱廊，充分体现出了这种建筑风格。在原本应该放石柱的地方，耸立着六根穿着古典服装的人像柱，就像六位美丽的少女站在那里，她们的头上还顶着雕有藤蔓形花饰的花篮。在古希腊建筑中，用花篮来充当柱头是一个伟大的创举。

后来的两千多年里，人们一直没有停止过仿制这类人像柱的行为。直到今天，在欧洲各国的古老建筑或者花园中，我们还能见到优美高雅的人柱像。

趣味问答

为什么要从西侧登上卫城？

"卫城"的得名是因为它具有防卫的功能，一旦发生战争，市民都可以躲进卫城避难。因此，卫城不仅筑有坚固的防护墙壁，而且周围的地势也非常险峻。这个地方的东面、南面和北面都是悬崖绝壁，只有西面有一条路可以上去。小朋友，现在知道为什么卫城西面的路是唯一的通道了吧！

世界上最高的教堂是哪座？

小朋友，你知道世界上最高的教堂叫什么吗？它可不是巴黎圣母院或者圣彼得大教堂哦，告诉你吧，它就是德国的科隆大教堂。这个教堂有很多神奇的地方呢，如它的尖塔是全欧洲最高的，人们用了600年才建好它，它珍藏着很多值钱的宝贝……想听它的故事吗？跟我一起出发吧！

建了六个世纪的教堂

1248年，在加洛林王朝希尔德大教堂的旧址上，人们开始兴建科隆大教堂。300年后，教堂的内大厅建设基本完成。到了1560年，由于德国宗教改革运动的兴起，教堂的建设被迫中断。直到1823年，工程才得以继续进行。最后，科隆大教堂在1880年正式竣工。如果没有19世纪的复古风，如果这股潮流没有席卷整个欧洲，那么，这栋哥特式建筑的典范可能会成为半成品。

令人称奇的是，整个建造工程经历了600多年，而风格却比较一致。直到今天，它一直被当作德国中世纪哥特式宗教建筑艺术的经典之作。科隆大教堂不仅是科隆城的标志，还是全世界最高的教堂。这座以轻盈、雅致而闻名世界的教堂，与巴黎圣母院、罗马圣彼得大教堂的名声一样响亮。它们可是人类公认的欧洲三大宗教建筑哟。

上帝也为它而自豪

科隆大教堂的主体全部用磨光石砌成，看上去极其壮观，其内外的雕刻装饰也很细致，以精致华丽而著称。整个建筑长144.55米、宽86.25米，占地超过8 000平方米。教堂共有5层，内设10个礼拜堂。在建筑的正面，有两座高达157.38米的尖塔，它们就像两把插入地下的利剑。在周围，我们还能看到无数座小尖塔。

布告台位于教堂的中心，一排排的椅子陈列在布告台的四周，圣经整齐地放在椅子前面的桌子上。在教堂中心的两侧，分别挂有五幅展示圣经故事的彩色玻璃画。里面还有专门为唱诗班准备的座位，华美的乐谱架就摆在那些座位前面。教堂大穹顶超过了40米，有十几层楼房那么高呢。

教堂的夜景也很壮观。到了晚上，四周建筑物上的聚光灯都亮了，一束束青蓝色的冷光射向教堂。在这些灯光的照射下，教堂如同嵌上了蓝宝石，又多出了几分神秘色彩。

承载着历史记忆的科隆

直到今天，科隆大教堂里还珍藏着很多宝物。哈德是教堂的第一位建筑设计师，他当时用的羊皮图纸一直保存在教堂中。在研究13世纪建筑和装饰艺术方面，这份图纸相当重要。用黄金和宝石做成的中世纪黄金匣，则被摆放在教堂的祭坛。蒂芬·洛赫

纳是15世纪科隆画派的杰出画家，他在1440年画的宗教画可以在唱诗班的回廊里看到。

教堂还有一些古老的珍藏，如雕像圣体匣、福音书等，这些物品的宗教价值和艺术价值都很高。20世纪80年代，在发掘教堂地基的时候，人们又有了新的发现，历次修建时的基础工程都不相同，这对研究各个时代的建筑风格意义重大。

无数人向往的旅游胜地

科隆大教堂重新焕发了生机，它向世界各地的人们敞开了怀抱。凡是来过科隆大教堂的人，都为它的雄伟壮观、精致华丽而着迷，甚至都不想离开了。整座教堂都用磨光大理石砌成，而建筑的内外雕刻物，更是美轮美奂，让人觉得它们应该出自神仙之手。在教堂中细细观赏，每一处景观都让人们停留许久，如高大石柱、彩色玻璃、拱廊式屋顶和高大的双尖塔等。

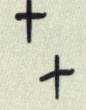

只要来科隆大教堂的人，几乎都会登上一百五十多米高的塔顶，享受一下登高望远的快乐。在那里，可以看到科隆市的所有美景。就算没有去过科隆，在欧洲的其他地方也有可能看到它。这是怎么回事呢？教堂里的两座尖塔是全欧洲最高的，在科隆市区以外的很多地方，人们都能看到高大的尖塔。

什么是哥特式建筑？

哥特式建筑，是一种13世纪到15世纪流行于欧洲的建筑风格。在11世纪后期，它最早起源于法国。这种建筑形式主要用于天主教堂，对其他建筑的影响较小。除了德国科隆大教堂之外，巴黎圣母院大教堂、意大利米兰大教堂和英国威斯敏斯特大教堂也都是有名的哥特式建筑。因为技术高超、成就卓越，哥特式建筑在建筑史上占有一席之地。

趣味问答

北非地中海上的传奇之城

在北非的地中海上，有一座美丽的小岛，那里有一处文明的奇迹。小朋友，你知道我说的是什么吗？告诉你吧，我说的就是迦太基古城。听说，它跟一位美丽的公主有关，这是一个怎样的故事呢？咱们去古城遗址探秘吧！

迦太基的传说与发展

迦太基古城，被誉为"北非的传奇古国"，它的城市中心就在今天的突尼斯境内。公元前814年，从腓尼基城邦来的推罗移民建造了这座城市。据说，推罗王国出现了内乱，公主在卫士的保护下逃了出来。在海上漂泊数天后，公主来到了突尼斯。当地人只允许公主占用一张牛皮之地，这可怎么办呢？后来，公主想了一个主意，她把牛皮剪成一条条很细的皮丝，并将这些皮丝连接起来。然后，她用丝线将一个山丘围了起来，在那里建了一座城市。这就是迦太基城的来历。

后来，迦太基越来越繁华，成了当地的贸易、文化中心，名声仅次于罗马城。从公元前3世纪开始，为了争夺地中海西部，罗马帝国先后与腓尼基人进行了三次大战。在公元前146年，罗马军队占领了迦太基城，并用一把大火毁灭了这座城市。20多年后，罗马重建了迦太基城，并把它发展为罗

马帝国的第二大城市。公元698年,阿拉伯人彻底毁灭了它。

地中海的文明之城

迦太基古城,位于突尼斯湾中心的一个半岛上,与突尼斯湖相邻,周围地势非常开阔。要想从城里出来,只能走唯一的一条小路,这应该是为了居民的安全吧。城市四周建有坚固的城墙,它高12米、宽9米,共有34千米长。在城内,还有一座建在小山上的比尔萨城堡,它四周也有城墙,这里可能是一个重要的场所。

人们能看到的地面遗址，大部分都是罗马人后来建的。漫步其中，可以欣赏到很多建筑物的遗址，不仅有宫殿、神庙、别墅、住宅、露天剧场、竞技场，还有跑马场、音乐厅、安东尼浴场、墓地和港口等。由于迦太基展示了高度的文明，所以人们经常把它和意大利庞贝古城放在一起来谈论。

迦太基人的港口

在公元前6世纪，迦太基进入最辉煌的时期。那时，帝国已经拥有了自己的舰队，并且占领了很多殖民地。因为海上实力增强了，迦太基人便修建了两个人工港口。其中，有一个位于城墙内，能够同时停泊数百只船。

根据对另一个港口遗址的分析，科学家发现，这个圆形港口最多能停泊220艘船只。人们先挖掘了一条与地中海相连的渠道，然后又设置了高低不同的水位，从而使船只可以顺利进出。这处港口遗址有两部分，南边的是商港，面积要小一些，北边的是军港，面积相对较大。在一般人看来，这两个港口有点太小了，但它在那时可不小。而且，它还是腓尼基人擅于航海经商的重要证据。

展示文明的博物馆

现在，迦太基遗址已建起一座雄伟的博物馆，陈列着历代文物，其中有腓尼基时代的石棺、随葬物等。出土文物中刻有腓尼基文字的石碑进一步证实了腓尼基人最早创造了世界拼音文字的论断。古迦太基人有杀害儿童向神献祭的陋俗，古城遗址中发现的盛放儿童尸骨的容器，使人们深感痛惜。

迦太基遗址中最有名还有许多珍贵的镶嵌画，琳琅满目，蔚为壮观。据说，迦太基是世界上镶嵌画出土最多的地方。博物馆中有十多种描绘四季变化的镶嵌画，常以花神代表春，麦穗女神代表夏，葡萄女神代表秋，橄榄女神代表冬，这些丰富多彩的艺术珍品，充分展示了迦太基当时作为地中海古代文明橱窗的面貌。

安东尼浴场是谁修建的？

安东尼浴场是罗马皇帝安东尼在位时修建的。现在，从地面上只能看到柱石残墙。根据底层的建筑结构，科学家想象出了它原来的样子。浴场的两侧，分别有更衣室、热水游泳池、按摩室、蒸浴室、温水室、冷水室和健身室，它们依次对称地排列着。通过石头筑成的渡槽，人们从60千米之外将水引来的。在浴场内，还有一个3万立方米的贮水池。

趣味问答

中美洲的金字塔之城

在中美洲的墨西哥，有一座著名的金字塔之城，这里的金字塔跟埃及的不一样哦，它可不是法老的坟墓，而是祭祀神灵用的。那祭祀的神灵都有谁呢？有太阳神，还有月亮神。小朋友，你知道这座城市叫什么吗？它叫作"诸神之都"，也就是众神居住的地方。是不是还有别的神也住在这里呢？咱们去看看吧！

宏伟的"诸神之都"

这个古城的遗址就在墨西哥城东北40千米的地方，位于波波卡特佩尔火山和依斯塔西瓦特尔火山之间的山谷中，当地人叫它特奥蒂瓦坎。在印第安语中，"特奥蒂瓦坎"就是"诸神之都"的意思。

这是一座占地超过20平方千米的古城，据科学家推测，它的建造者是古印第安玛雅人中的一支——托尔蒂克人。在西元前200年时，他们来到

墨西哥的中部地区。从西元元年到公元150年，一个拥有5万人的城市出现了。在这期间，托尔蒂克人建成了纵贯南北的"逝者大街"，金字塔和庙宇是城市的主要建筑物。后来，平民建筑也相继完成，美洲最早的城市文明初见规模。到公元450年，城市人口达20万，进入全盛时期。

当时，城中出现了大量宏伟的建筑，如太阳金字塔、月亮金字塔和羽蛇神庙等。这里不仅是中美洲的第一大城，还是托尔蒂克人的宗教圣地及经济中心。可惜的是，在公元650年到公元750年之间，这座城市渐渐地没落、消失了。

祭祀太阳神的金字塔

太阳金字塔古印第安人独有的一种建筑,是用来祭祀太阳神的场所。位于特奥蒂瓦坎内的太阳神金字塔,它尤其宏伟壮观。建筑坐东朝西,呈下大上小的梯形结构,在西侧有数百级台阶,沿台阶可以直达塔顶。金字塔的内部主要由泥土和沙石堆建而成。在各台阶外面,镶嵌有一块块巨大的石板,上面雕刻着色彩亮丽的美丽图案。当人们来到塔顶之后,就可以看到顶端的太阳神庙。可惜的是,神庙已经被毁掉了。

据历史学家猜测,这座庙在当时应该是一片金碧辉煌的建筑。在神坛中央,站着高大的太阳神像,它庄严肃穆地面对东方。在神像的胸前,挂着无数金银、宝石做成的饰物。只要阳光照进庙堂,神像便会散发出耀眼的光芒。

月亮神金字塔

月亮神金字塔位于"逝者大街"的北端，它是人们祭祀月亮神的地方。与太阳金字塔相比，这座金字塔的规模要小一些，但是，这两座金字塔的形状极为相似。从外观上看，月亮神金字塔同样气势雄伟。它的底座很大，长150米，宽140米，整座建筑有42米高。从下往上，一共有四层重叠的平台，顶端是月亮神庙。

羽蛇神庙中的羽蛇神

托尔蒂克人是信奉太阳神的民族。在他们的眼中，羽蛇神就是太阳神的化身。在羽蛇神庙朝北的台阶上，你可以看到一条带羽毛的蛇，它就是托尔蒂克人精心雕刻的羽蛇神。它的形象非常逼真，蛇头正在那里张口吐舌，似乎在寻找什么；蛇身没有暴露出来，被隐藏在阶梯的断面上。

到了每年的春分和秋分，当夕阳渐渐西下的时候，北墙棱角的光照部分便有了变化，笔直的线条开始渐次分明。后来，从上到下都交成了波浪形，与台阶上的羽蛇神连到一处，像极了一条从天而降的巨蟒。巨蟒透迤游走，不知是要进入神庙还是

要飞天而去。如果有幸目睹这一情景，托尔蒂克人往往激动得几天都睡不好觉。

托尔蒂克人是特奥蒂瓦坎的建造者吗？

科学家并不能确定，这只是一种推测。特奥蒂瓦坎被埋在地下一个多世纪的时间，而且出土的文物也没有相关的记载，所以科学家只能进行大致的推测。

在11世纪，当阿兹特克人迁到这里的时候，它就已经是一座废墟了。他们一直觉得这里应该是墓地，埋葬着远古诸神，所以才叫它"诸神之都"。虽然还不知道真正的建设者到底是谁，但是，人们可以确定一点，那就是特奥蒂瓦坎城文明是最古老的墨西哥高原文明。

趣味问答

宝贝多多的博物馆

　　提到博物馆，大家一定会想到中国的故宫博物院、国家博物馆、军事博物馆等等一些比较有名的博物馆。在博物馆里我们可以看到许多的古代文物，听解说员讲许多的故事……总之，我们在博物馆可以学到好多在课本上学不到的知识。中国的博物馆我们要了解，其他国家的博物馆我们也要知道一些啊，现在就一起去看看世界著名的法国巴黎卢浮宫吧！

卢浮宫简介

卢浮宫是世界上最古老、最大、藏品最多的博物馆之一。它位于巴黎市中心塞纳河北岸,始建于1204年,距今已有800多年的历史了。卢浮宫占地面积(含草坪)约为45万平方米,建筑物的面积为5万平方米左右。全长680米。它的整体建筑呈"U"形,包括新、老两个部分,老的建于路易十四时期,新的建于拿破仑时代。

它里面是什么样子呢？

卢浮宫内有六大展馆，它们分别是：

东方艺术馆：展品来自西亚和北非地区，展品中最为有名的是带翅膀的牛身人面雕像，还有比较熟悉的《汉谟拉比法典》等等；

古埃及艺术馆：珍藏有古埃及的木乃伊，人头塑像等；

古希腊与古罗马艺术馆：此馆中有两件备受人赞美的不朽作品——萨姆特拉斯胜利女神和爱神"维纳斯"；

绘画馆：占地面积最大，展品最多的展馆，达·芬奇的《蒙娜丽莎》就陈列其中；

雕塑馆：多为宗教题材的作品，有《十字架上的耶稣》、18世纪的名人像《伏尔泰》等；

珍宝馆：有重达137克拉的大钻石，镀金的圣母像等。

卢浮宫包括有198个展厅，最大的大厅有205米长。够大吧？你要是来参观卢浮宫的话，可要安排好时间啊，否则你一天时间是欣赏不完的。

卢浮宫的镇馆之宝

卢浮宫里藏品众多，但是最著名的是它的三件镇馆之宝。

米洛斯的《断臂维纳斯》：这是一座大理石雕像，高204厘米，为半裸全身像，虽然断臂，但仍掩盖不住其女性特有的曲线美，显得端庄且妩媚。

《胜利女神》：虽然女神的头和手臂都已丢失，但仍让人感受到胜利女神展翅欲飞的舞姿，她被认为是神与人的自然合一，是人类追求女性美的理想化标志，是古希腊雕塑的杰作。

《蒙娜丽莎》：这是达·芬奇的最高艺术成就，蒙娜丽莎的微笑神秘莫测，是那么的妩媚，它被不少美术史家称为"神秘的微笑"。

从这里走出去的艺术家

卢浮宫是法国皇家收藏艺术珍宝的宝库，吸引了许多的艺术爱好者，也孕育出不少世界艺坛名家。

青年时的马奈曾连续六年在卢浮宫观摩大师的名作，就连门卫都深深地记住了他。在25年之后，他凭借油画《草地上的午餐》和《奥林匹亚》成为敢于创新的大画家，他的《奥林匹亚》现在就珍藏于卢浮宫，供游人欣赏。

故宫与卢浮宫有什么共同命运呢？

2011年9月26日，代表中华瑰宝的故宫文物，首次走出中国国门，来到巴黎卢浮宫，亮相在那里举办的"重扉轻启——明清宫廷生活文物展"。此展览主要分为四个部分，即政务篇、艺术篇、晏居篇和建筑篇。故宫和卢浮宫有着共同的命运，以前都是皇宫，后来都变成了博物馆，并且都经历了多个世纪的辉煌与兴衰之后才对公众开放。也正是因为这一点，使故宫和卢浮宫走得更近了。

趣味问答

被火山吞没的城市

公元79年8月的第一个礼拜天，古罗马的一位大酒商的妻子正在祈祷，突然感觉胸口疼痛，吐血不止，女儿索菲亚着急地哭了起来。此时，索菲亚的未婚夫卡洛正好赶来，见此情形，就赶紧骑马去老家取止血石。按说两天就应该回来了，但是索菲亚苦苦等了五六天也没有看到卡洛的身影。在圣诞节之后，传来了噩耗：卡洛的老家，一个千年古城在8月的一个夜里消失了……

千年古城叫什么？

这座千年古城是古罗马的第二大繁华富裕的城市，它叫庞贝。庞贝位于意大利南部那不勒斯附近，它的西北部距离罗马大约有240千米。庞贝城是公元前6世纪奥斯坎斯部落建造的。在公元前89年，罗马人占领了庞贝古城，从此它便成为罗马帝国的属地。庞贝古城是一座人口密集，商旅云集的小城，也是富人的乐园，人口大约2.5万人，是当时闻名的酒色之都。

它是怎么消失的？

在距离庞贝古城10千米处，有一座名叫维苏威的活火山。维苏威火

山高1 277米，在公元初，一位著名的地理学家根据维苏威火山的地貌特征断定它是一座死火山，人们就完全相信了他的判断，对火山毫无防备，并且还在火山两侧种满了庄稼和各种各样的果树。维苏威火山上百年来一直很安静，但谁都没想到它原来是在酝酿一场大灾难。在公元62年2月8日，一次强烈的地震袭击了庞贝古城，而庞贝人还是满不在乎，对它没有丝毫警惕。终于，在公元79年8月24日，维苏威火山憋不住了，一声巨响，终于爆发了。

转瞬间，火山喷出的火红的岩浆四处飞溅，浓浓的黑烟遮盖住天空，滚烫的火山灰铺天盖地向庞贝古城压了过来，空气中也充满刺鼻的硫黄味儿。十几个小时后，这座奢华的千年古城就被无情的岩浆和火山灰掩盖了，好像从没在这个世界上存在过一样。

古城再现

公元1748年的春天，一个名叫安得列的农民在自己家的葡萄园里挖出了一些熔化的金银首饰和古钱币。消息传开后，盗宝者便发疯似

的前来挖宝，直到1876年，意大利政府才组织考古学家开始挖掘庞贝古城。经过百余年的挖掘，庞贝古城终于再现于世人面前。有些人在睡梦中死去，一户人家的后花园种满了夹竹桃，有好多人家的面包还挂在烤炉上呢，奴隶们还带着绳索，书架上还放着草纸做成的书卷……由于火山层砾的保护，庞贝古城躲过了上千年岁月的侵蚀，还保留着许多当年的原状。

庞贝有多繁华？

如今的庞贝古城已向游人开放了1/3，其余的还被埋在地下。仅从这1/3的土地上就完全可以看出庞贝古城的繁华与富有。

庞贝古城有几十条大街小巷都铺有白色或青色的巨石，街巷方正整齐，与中国唐朝的长安城很像。从中间路面一两寸深的车辙中不难看出，古罗马马车非常发达。每个交叉路口都有一块块凸起的30厘米高的"隔车石"，马车到交叉口看到"隔车石"便会放慢速度，跟现在的斑马线差不多。在许多街口，都有刻着浮雕的大石槽，石槽背后连着青铜

管子，并配有旋钮水龙头，一旋转便会有水流出，供行人饮用或洗手。街道两侧是酒馆、商店和别墅住宅，它们的墙壁上还刻有各种各样精美的壁画。最令人不可思议的是，这里竟然有用5 000个座位的大理石圆形剧场、3 000个座位的斗兽场，还有40 000个座位的超大型体育场。

庞贝古城的繁华和先进，不禁令我们赞叹不已……

趣味问答

圆形剧场是用来做什么的？

在庞贝古城里有多座圆形剧场，剧场外围的城墙有两米多高，墙上还绘有狩猎、竞技的壁画。这些剧场主要用来表演角斗，包括人与人的角斗和人与兽的角斗，有时候也用来举行体育赛事。城里还有两个一大一小的剧场，主要用于喜剧和音乐会等演出。

比金字塔更有名的奇迹

现在，只要一提起古埃及，人们立刻就会想到法老的陵墓——金字塔。可是，远在2 000多年前，一提起埃及，人们首先想到的却是一座雄伟而神奇的灯塔。但可惜的是，这座灯塔已经从这个世界上消失了。你一定很好奇吧？究竟是什么灯塔会比金字塔还有名呢？这灯塔到底长什么样子呢？它是用来做什么的，又是怎么消失的呢？接下来，我们就一起穿越时空，去瞧瞧这个神奇的大家伙吧！

屹立千年不倒的传奇

大约在公元前270年，一座约有135米高的巨型灯塔屹立在了古埃及的亚历山大港，它也是当时世界上最高的建筑物。

在灯塔的顶端有塔灯，塔灯的光芒整夜照耀着海港，为海上的来往船只照明护航。在灯塔建成后，灯塔焰火就开始燃起，直到公元641年古埃及被伊斯兰大军征服，火焰才熄灭，它日夜不熄地燃烧了近千年，创造了世界火焰灯塔的奇迹。

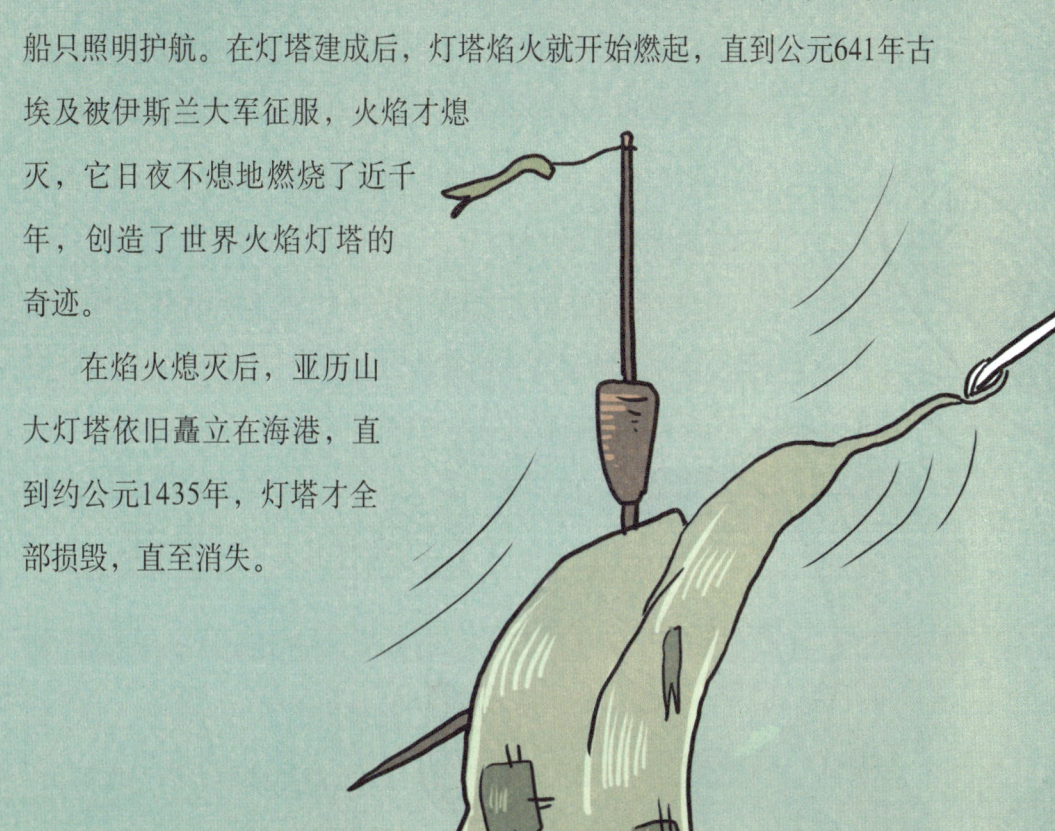

在焰火熄灭后，亚历山大灯塔依旧矗立在海港，直到约公元1435年，灯塔才全部损毁，直至消失。

亚历山大灯塔长什么样子呢?

亚历山大灯塔包括塔楼和塔基两大部分,整个灯塔的面积约有930平方米。

塔楼高120米,由三层组成。第一层是方形结构,高60米,里面有大约300多个不同大小的房间,这些房间有的是存放燃料的,有的是工作人员的住室;第二层是八角形结构,高15米;第三层是圆形结构,这一层用了8根8米高的石柱围绕在圆顶灯楼。

在圆顶灯楼的上面,有一个8米高的青铜雕像。据说,这是海神波塞冬的雕像,亚历山大国王大概是想让海神来保佑海港的平安吧!

灯塔的坎坷遭遇

亚历山大灯塔虽为海上船只做出了不小的贡献,但它的一生却饱受摧残,遭遇坎坷。

传说,东罗马帝国的一个国王想入侵亚历山大,但是害怕在入侵时,他的船队会被灯塔上的塔灯

照到。于是，他就派人向倭马亚王朝的国王传达消息说，亚历山大灯塔下面有亚历山大大帝埋藏的珍宝。

倭马亚王朝的国王听信了这种谣言，便下令将亚历山大灯塔拆除。但是亚历山大的百姓们却极力反对，所以，灯塔只拆到灯室部分便停止了。后来，亚历山大王朝又将灯塔修复完整。

但是在公元1100年，亚历山大发生了强烈的地震，灯塔遭到严重破坏，上面的塔灯部分已经完全损坏，只留下下面一部分。昔日的灯塔再也不能为海上船只照明了，它成了一座瞭望台。

更不幸的是，公元1301年和1435年，亚历山大又发生了两次大地震，亚历山大灯塔最终被全部毁掉了。

趣味问答

为什么要建造亚历山大灯塔呢？

在公元前280年一个深秋的夜晚，一艘埃及的皇家喜船在刚驶入亚历山大港不久，便因触礁而沉没了。船上的皇亲国戚、新郎新娘，还有数目不菲的陪嫁物都全部葬身大海。

这件事震惊了整个皇族，埃及国王也极为伤心。为了不再让悲剧重演，国王便下令在亚历山大港的入口处修建一座导航灯塔。建筑师们经过40年的努力，才建成了这座雄伟壮观的灯塔。当地的人们称它为"亚历山大法洛斯灯塔"。